子ども心理学
の現在

鎌倉女子大学児童学部 / 編

北樹出版

まえがき　新版に際して

2012 年に『子ども心理学の現在』が出版されてから 10 年以上がたち、子どもに関する研究にも変化がありました。この変化を踏まえ、改めて「子ども心理学の現在」を見直した新版を作成しました。『新版　子ども心理学の現在』は、コンセプトは変わりませんが、最新情報を踏まえたさらに充実した内容です。構成も前著『子ども心理学の現在』で取り入れた「発達」「教育」「臨床」の 3 本の柱を軸にしています。

前著と同様に本書で扱う「子ども心理学」は、「18 歳未満の子どもの成長過程を発達的・教育的・臨床的な視点から多角的・長期的に理解し、支援すること」と定義しています。情報手段が多様化し情報にあふれた時代の変化や多様性の社会など、子どもを取り巻く環境は様々な変化をしています。専門領域の研究者たちが「子ども心理学の現在」を見直し、より現在の子どもの在り方に近い視点から執筆し直しました。

内閣府によれば、「全てのこどもが、安全で安心して過ごせる多くの居場所を持ちながら、様々な学びや、社会で生き抜く力を得るための糧となる多様な体験活動や外遊びの機会に接することができ、自己肯定感や自己有用感を高め、幸せな状態（Well-being）で成長し、社会で活躍していけるようにすることが重要である。」とされています（令和 3 年「こども政策の新たな推進体制に関する基本方針」）。子どもの Well-being には、子どもを取り巻く周囲の人々が子どもの心をよく理解し、その健やかな成長をサポートするしくみを構築することが何よりも大切です。

少子社会であり、電子情報化が進む現代は子どもから大人になるプロセスを著しく変容させています。2004 年発行の『子ども心理学入門』に記されているように、一見自明とも思えた「子ども」を改めて問い直すことが、今、求められているのではないでしょうか。

この教科書の執筆を担当した教員は各々特定の研究領域をもっています。そ

れぞれの研究や教育を通して得られた知見は、様々な角度から子どもの心の発達を深く掘り下げています。

　本書の中に現れた子どもの様々な姿を統合してくださるのは読者の方々だと思います。大学で心理学を学ぶ学生だけでなく、保育・教育現場の先生方、子どもに携わる方々の側に置いていただけると幸いです。そして、子育て中のお母様、お父様、シニア世代の方々にも是非お手に取っていただきたいと願っております。

執筆者代表　佐藤淑子　小國美也子

Part 1

子どもと環境

Chapter 1

子どもの発達
——乳幼児期〜児童期

　日本語には「三つ子の魂百まで」ということわざがあります。英語には「A leopard never changes its spots（ヒョウは自分の斑点を変えることはできない）」、フランス語には「Tel qui naît rond ne peut mourir carré（丸く生まれたら、四角く死ぬことはできない）」、中国語には「江山易改、本性難移（山や川はたやすく移り変わるが、人間の性格はそうそう変わらない）」、ということわざがあるそうです。これらはいずれも、人の本質は小さい頃から大きく変わることはない、つまり、その人らしさの基礎は幼少期に形作られるものであると教えているのでしょう。第 1 章では、発達心理学という観点から、生まれてから小学校中学年くらいまでの十数年間を順を追って見ていきます。

1　発達心理学とは何か

　厚生労働省（2023）によると、日本人の平均寿命は男性 81.05 歳、女性は 87.09 歳です。人が生まれてから死ぬまでの間、体のサイズ、できること・わかること、考えや振る舞い、他の人や社会とのかかわり方など、変わっていくものはたくさんあります（むしろ生まれてから死ぬまでずっと変わらないものを探す方が難しいかもしれません）。心理学は「こころ」という目に見えないものを科学的に扱おうとする学問ですが、なかでも発達心理学は「時間の経過に伴うこころの変化」あるいは「その変化に関連する要因」について研究します。

　とはいえ、ひとりの人間をずっと観察しているわけにはいきません。また、ある人が体験したことと全く同じ体験を他の人ができるわけでは当然ありませ

ん。そのため、発達心理学はたくさんの人の情報（データ）を集めて分析することを通じて、「人というものは多くの場合、時間とともにこんなふうに変化していくものであり、そこにはこういった要因が関わっている」ということを明らかにすることを目指します。人の発達について語る時、そこには常に「多くの場合はこうである」という一般性と、「その人の場合はこうである」という個別性とが混じり合っていると言えるでしょう。

　人の変化は長期間、広範囲、多岐にわたります。そのため、発達心理学では、人が生まれてから死ぬまでの時間をいくつかの区分（発達段階）に分けて、区分ごとの特徴を整理しようとします。また、様々な変化を領域（側面）に分けて、各々の領域の変化を論じようとします。時間をどう分けるか、領域をどう分けるか、どこにスポットライトを当てるかに絶対的な決まりはありません。本章では時間（発達段階）を乳児期、幼児期、学童期の３つに分けます。また、領域（側面）を①身体・運動、②認知・思考、③言語・社会性・コミュニケーションの３つに分けて話を進めます。

②　胎児期～乳児期の発達

　美咲さんは結婚して２年目に第一子を妊娠しました。悪阻（つわり）はそれほどありませんでしたが、大好きなお酒が飲めないのは辛かったようです。妊娠５か月を過ぎるとお腹のふくらみが周囲から見ても分かるようになり、さらに７か月頃から胎動が感じられるようになりました。早く子どもに会いたい気持ちも、ずっとお腹にいてほしいような愛おしさも、日に日に大きくなっていきました。臨月に入っても体調は安定していて、予定日３日前に2,850gの元気な女の子を出産しました。「周りを笑顔にしてくれる明るい人に育ってほしい」という思いから「陽葵（ひまり）」と名付けました。ミルクもよく飲み、すくすくと成長していきましたが、敏感過ぎるのか、生後半年くらいまではちょっとしたことで泣いて大変でした。それでも、あやした時に見せる笑顔は世界一。ハイハイ、立っちとできることが増えていく日々は幸せそのものでした。

1　お腹の中での発達

　お腹の中の赤ちゃんは胎児と呼ばれ、受精から出生までの約 40 週間を胎内で過ごします。その間の変化は著しく、受精卵が子宮内膜にたどり着いた（着床）時の大きさ 1mm・重さ 1g くらいから、身長 50cm・体重 3,000g まですさまじい早さで大きくなります。感覚の発達も始まっています。特に聴覚の発達は早く、受精後 4 週ほどで耳の溝ができ、2 〜 3 カ月で耳の原型が完成し、妊娠 7 カ月頃には音が脳に伝わっていることがわかっています。

　胎児は羊水にぷかぷかと浮いている状態で、臍帯（いわゆる「へその緒」）で胎盤とつながっています。臍帯を通じて、母親から酸素や栄養分を受け取り、また、老廃物を排出しています。そのため、母親が摂取する食品や生活スタイルは、胎児が成長・発達する環境に直接的に影響します。妊娠中、胎児に影響を与え得る要因として、主に飲酒、喫煙、ストレスが知られています。母親が摂取したアルコールは臍帯を通じて胎児に送られますが、胎児はアルコールを分解することができません。その結果、先天異常につながることがあります（沼部, 2021）。また、たばこに含まれるニコチンは血管を収縮させる作用があります。喫煙により母体の血流量が一時的に低下すると、胎児に送られる酸素量も低下し、発育不全や低酸素性脳症の原因となると言われています（加治, 2010）。また、母親の妊娠中のストレスと早産や低出生体重のリスクとの関連も指摘されています。ストレスをゼロにすることは難しいわけですが、妊娠中や出産時、また、出産後しばらくの間は母体にはすさまじい負担がかかります。母親が安心して胎児を育むことができる環境はとても重要であり、周囲のサポートが必要不可欠だと言えるでしょう。

2　身体・運動の発達

　赤ちゃんは「自分では何もできない無力な存在」と考えられがちですが、いわゆる五感は（程度の差はあるものの）胎児期からある程度機能していることがわかっています。つまり、出生時には外界の様々な情報を取り入れる準備ができており、それを土台にして母胎内から外界という大きな環境の変化に難な

く適応しているということです。先述の通り、聴覚は相当に早い段階から機能していますが、生後数日の赤ちゃんが母語と他の言語とを識別していること（Kinzler, 2021）がわかっています（もちろん、言葉の意味がわかっているというわけではなく、リズムやイントネーションを手がかりにしているようです）。嗅覚は出生時に既に大人と同じくらいの水準にあり、母親の母乳をかぎ分けることができます（Russell, 1976）。それらの感覚と比較して、視覚はまだまだ発達の途上にあります。出生時の視力は 0.01 ～ 0.02 と言われていますが、これは 30cm ほど離れた人（多くの場合は親や養育者）の表情を識別するには十分です。また、生得的に"顔っぽい図形"を好んで見ることもわかっています（図1-1）。誰に教わるでもなく他者とコミュニケーションするために必要な機能が備わっているのは不思議なことですが、生きていくために有用だからこそわれわれの遺伝子に組み込まれているのだろうと考えることができます。

図1-1　新生児への実験で使われた図形（Morton&Johnson, 1991 より作成）

　同様に、子どもが生得的に備えている生存に必要不可欠なものとして、原始反射が挙げられます。代表的な原始反射として、把握反射、モロー反射、バビンスキー反射などが知られています。いずれも、通常は生まれた直後から生後数カ月程度の短い期間にのみ観察され、徐々に意図や目的に基づく随意的な運動が優勢になることで消失していきます。その後、自分の身体を支える、見たい物の方を向く、面白そうな物に近づく、触れたい物を狙って手を伸ばすなど、意思、感覚、運動をうまく協応（連動）させることで、思った通りの動きを上手に実行することができるようになっていきます。

3　認知・思考の発達

　運動の発達についてもその他の領域の発達についても言えることですが、できること・わかることが増えていく基盤は脳の発達です。出生時には350gくらいだった脳は、生後1年ほどの間に実に3倍の重さになります。脳細胞間のネットワークがつながり、また、高速に処理されるようになります。

　子どもの認知が発達していく過程を整理したのがピアジェ（Piaget, J.）です。ピアジェは生まれてから2歳くらいまでを「さまざまな感覚を通じて物や人と関わることで世界を理解していく時期」と位置づけ、「感覚運動期」と呼びました。シェマと呼ばれる、「自分の身体をこうやって動かすと世界はこんなふうに変化・反応するというルール」（例えば、転がる、落ちる、音が鳴る、見えたり見えなくなったりするなど）を頭の中で作り上げていきます（Piaget, 2007）。

4　言語・社会性・コミュニケーションの発達

　子どもが成長・発達していく過程には常に他者とのやりとりが存在しますが、他の人とかかわることに対する興味・関心は生得的なものであると考えられています。新生児模倣といって、生まれて数日の赤ちゃんが誰に教えられたわけではないにもかかわらず目の前の大人の顔真似をする現象が知られています（図1-2）。また、先述した通り、赤ちゃんは"顔っぽい図形"に自然と惹かれることも実験を通じてわかっています。そういった生まれながらの性質が私たちを他者とのかかわりに導いていて、赤ちゃんは周囲とうまくやるやり方を学びつつ（社会化）、同時に自分らしさも見つけていく（個性化）と言えるでしょう。

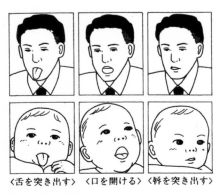

〈舌を突き出す〉　〈口を開ける〉　〈唇を突き出す〉

図 1-2　原始模倣（Meltzoff & Moore, 1977 より作成）

とはいえ、赤ちゃんは自分で移動したり、必要な物を得たり、様々な危険から自らの身を守ったりすることができるわけではありません。いろいろな感覚・能力を備えた状態で生まれてくるわけですが、基本的には大人にケアされ、守ってもらわなければ生きていくことができません。このことに関しても、赤ちゃんは特別な力をもっているのだと感心させられるような現象が多く知られています。例えば、生まれてすぐ～生後2カ月くらいの赤ちゃんは、ミルクを飲んだ後、眠ったまま心地よさそうな笑顔を見せることがあります。これは新生児微笑と呼ばれていて、その表情は周囲の人を穏やかで幸せな気分にさせてくれます。しかし、実際は反射的な表情筋の収縮で口角が上がり、「笑顔に見える表情」になっている「だけ」であることがわかっています。赤ちゃんが他の人に対して自ら笑顔を見せ始めるのは生後3カ月くらいからです。また、赤ちゃんは空腹、暑さ・寒さ、眠気など、生理的に不快な状態に陥ると泣きますが、その際の泣き声は人の注意を引きやすい周波数であると言われています。赤ちゃんが見せる様々な行動は、周囲の大人に「得も言われぬ愛おしい存在」、「思わず守ってあげたくなる存在」と感じてもらうために予め備わったものであると考えることができるかもしれません。

　赤ちゃんが最初にかかわる他者、最も長く時間をともにする養育者は、多くの場合、母親をはじめとする家族です。子どもは実に様々な方法で養育者に対してかかわろうとしますが、こういった養育者に「くっつこう（attach）とする行動」はアタッチメント行動と呼ばれます。それに対して、養育者は微笑んだり、話しかけたり、撫でたり、あやしたりして対応します。この時に養育者が感じる愛情や情緒的な絆は「ボンディング」と呼ばれています。子どものアタッチメント行動と、養育者のボンディングとそれに基づく応答的なかかわりが繰り返されることで形成されていく親子の関係はアタッチメント理論として体系化されています（Bowlby, 1969/1982）。子どもは自分が送ったシグナルを養育者が受け取って対処してくれる経験を通じて、世界あるいは他者は不快を解消し快を与えてくれる、自分を大切に扱ってくれる、信頼に足る存在であるという感覚を積み重ねていくことができます。人生の最初期における安全・安

心な関係の中で培われる「基本的信頼感」はその人の生涯にわたる対人関係の基礎になっていくと考えられています（Erikson, 1959）。

③ 幼児期の発達

　1歳の誕生日の翌日に歩き始めた陽葵ちゃん。言葉が出るのが少し遅く、心配した時期もありましたが、1歳6か月児健診の前には話し始めました。その後は言葉も増えてきて、身の周りのことも少しずつできるようになっていきました。引っ込み思案なところがあって、公園では他の子たちの輪の中には入れず、その周りで何となく一緒に遊んでいることがほとんどでした。一方で、家の中では我が強く、叱ったり、なだめたり、他に気を逸らしたりと試行錯誤の毎日でした。年少さんで入園した幼稚園は、優しく迎えてくれた先生が大好きになったことですぐに慣れることができました。工作をしたり、走り回ったり、お友達とおままごとをしたりと充実した日々の中で、好きなことに自分から向かっていける、友達思いの優しい子に育っていきました。

1　乳児期から幼児期へ

　1歳を過ぎる頃からおよそ小学校入学までの間は幼児期と呼ばれ、子どもの行動範囲や、かかわる人が大きく拡がっていく時期です。3歳前後で子どもの様子や子どもを取り巻く環境が大きく変化するため、1歳から3歳までを幼児期前期、3歳から6歳までを幼児期後期の2つに分けることがあります。

　とはいえ、乳児期や幼児期は短い期間で子どもが大きく変化する時期です。また、個人差も非常に大きく、「1歳だから」、「2歳だから」と一概に言えることばかりではありません。子どもの成長・発達の進み方はある程度共通していますが、「これくらいの時期にはこういうことができるもの」というのはあくまで目安であり、過度に気にすること、縛られることはありません。

2　身体・運動の発達

　早い子どもであれば1歳になる少し前から、多くの子どもは1歳を過ぎて少

しすると、立って自分の足で歩くことができるようになります。視界が広がること、自分が行きたい方に自ら向かっていくことができるようになることで、子どもの行動範囲は一気に拡大し、探索行動が増加していきます。子どもの「何だあれは！」、「近くで見てみたい！」、「触れてみたい！」という気持ちは様々な行動の原動力になっていて、うまくいった時の達成感や周囲からやりたいこと（あるいはできたこと）を認められた経験が、子どもの自主性や自立心、あるいは自己肯定感の源になっていきます。

　幼児期を通じて、歩く、走る、ジャンプする、ボールを投げる・蹴るなど、様々な動きが可能になっていきます。また、指先の力加減を調整したり、いろいろな道具を扱ったりすることもできるようになります。こういった一つひとつの基本的な運動技能（運動スキル）は、身体を使って遊ぶことやスポーツだけでなく、着替えや食事、排泄の自立や睡眠時間など、日常的な生活習慣ともかかわってきます。様々な社会情勢の変化の中で、子どもが身体を動かす時間の減少や遊びの変化が指摘されています（寺田・エルミロヴァ・木下, 2020）。また、幼児期の運動機能の発達や遊び方がその後の認知機能や社会性に影響しているという指摘もあるため（Hayley & Elisabeth, 2014）、今後も子どもを取り巻く環境がどう変化していくか、注視していく必要があります。

3　認知・思考の発達

　乳児期は様々な感覚を通じて世界を認識していく時期です。幼児期にはそれを土台にして、様々な認知機能が発達し、理解できることも増えていきます。頭の中でイメージを膨らませることが少しずつできるようになり、子どもの内的世界も拡がっていきます。

　ピアジェの認知発達理論によれば、幼児期は概ね「前操作期」に当たり、さらに２つに分けて、象徴的思考期（２〜４歳頃）と直観的思考期（４〜７歳頃）と呼ばれます（Piaget, 2007）。象徴的思考期には、見たり聞いたりしたことを元にして、頭の中でいろいろなことを考えたり、既にもっている知識とつなげたりすることができるようになっていきます。この時期に象徴的なものとし

て、見立て遊び・ごっこ遊びが挙げられます。ふと見つけた木の枝を電車に見立てて走らせたり、拾った木の実を使った「お店屋さんごっこ」が始まったりと、目の前の物から創造力・想像力を働かせた遊びを展開していきます。ただし、3〜4歳くらいまでの子どもはまだ自分が見たもの・聞いたことが中心で、他の人はどう考えるか、相手からはどう見えるかといった発想自体、ピンと来ないようです。この時期の自分の体験が世界のすべてであるかのような捉え方は「自己中心性」と呼ばれます。自分に都合が良いように好き勝手に振る舞うということではなく、そもそも他の人の視点に立って物事を考えることがまだ難しいということです。ピアジェが行った三つ山課題の実験では、6歳くらい以降になると相手の視点をもつことが少しずつできるようになっていくことがわかりました。この過程は「脱中心化」と呼ばれています（Piaget, 2007）。

　幼児期後期にはこの脱中心化が進むとともに、指先や道具を扱う力が発達し、はさみで切る、クレヨンで線を描く、いくつもの工程を経て複雑な折り紙を作るといった活動につながっていきます。また、どちらのパンケーキが大きいか、どちらのコップにジュースがたくさん入っているか、目の前のお菓子が何個あるかなど、日常的な体験から始まって、比較や数の概念も獲得されていきます。これらは、就学以降の学習の基礎になっていく部分と考えられます。

4　言語・社会性・コミュニケーションの発達

　乳児期の終盤、具体的には生後9カ月頃に、子どものコミュニケーションは大きな転換期を迎えます。それまでのコミュニケーションは自分が泣くとあやしてもらえる、自分が笑うと相手が笑い返してくれるといった一方向のメッセージのやりとりの繰り返しで、自分─相手の関係性です（二項関係）。そこに、例えば母親が「ほら○○があるよ」と視線を向けた先を子どもが見る、子どもが欲しい物を指で指して母親に知らせるなど、自分─相手─モノの関係性（三項関係）が出現します。相手の言動から相手の意図を読み取ることができるようになり（Tomacello, 2003）、コミュニケーションは飛躍的に拡大していきます。

そうしたコミュニケーションの拡がりと、発声器官も含めた身体・運動面の成熟・発達、物事の認識・思考の発達といった点も相まって、話し始め（初語）へとつながっていきます。マンマ、ブーブ、ワンワンなど、初語は子どもによって様々ですが、耳にする頻度が多く、聴き取りやすい音、子どもが出しやすい音（マ行、バ行、パ行など）、繰り返しの音であることが多いと言われています。また、自分が相手に伝えたいことを、自分が言える言葉にのせて何とか伝えようとします。そのため、同じ言葉が様々な意味をもったり（例：「マンマ」→「お腹が空いた」、「もっと食べたい」、「もう要らない」、「違う食べ物がいい」、「早く家に帰りたい」など）、本来は別のものに同じ言葉を当てたり（あらゆる女性を「ママ」と呼ぶ、など）します。周囲は状況や文脈から子どもの言葉に込められた思い（あるいは子どもが十分に言語化することができない思い）をくみ取っては、子どもが伝えたいことを言葉にして返していくわけです。言葉の発達には、そうした周囲とのインタラクションが必要不可欠であると考えられています（Tomacello, 2003）。一般的には1歳から1歳半頃に話し始め、2歳少し手前から2歳過ぎにかけて語彙数が急激に増えていく子どもが多いと言われています。二語文、三語文と言葉を組み合わせて話すことができるようになり、また、目の前のことだけでなく過去や未来のことも話題にできるようになると、さらに会話が拡がっていきます。とはいえ、子どもの発達には個人差が大きく、また、子どもの生得的な性質、生活習慣、周囲との関係性など、様々な要素がかかわっています。ここで示した時期や進み方はあくまで目安として考えてください。

　社会性という点でも大きく変化していきます。2〜3歳頃の「イヤイヤ期」とも呼ばれる第一次反抗期は、自我が強くなることで顕在化します。やりたいことややりたくないことがはっきりしてきて、自分で決めたい気持ちも大きくなってくる半面、まだできないこと、あるいはやらせてもらえないこともたくさんあり、そこで生じる葛藤が自己主張という形で現れるというわけです。イヤイヤ期の子どもの主張、反抗、癇癪に対応することは、保護者にとって時に辛く苦しいものですが、子どもが成長・発達しているからこそ起こることであ

り、親を困らせようとしているわけではありません。そうするうちに徐々に自分の気持ちに折り合いを付けるすべを学んでいくのです。

　そして、２歳までにおよそ半数、５歳の春までにはほとんどの子どもが子ども集団の中に身を置いていきます。他の子どもとかかわる中で様々な経験を重ねていくわけですが、３〜４歳児は自己中心性が先立つため、どうしても思いがぶつかったり、対立したりすることが避けられません。その際、周囲の大人に仲介してもらったり、大人や年長者のやり方を真似したりすることで、互いが気持ちよく過ごせるやり方、社会的に望ましいやり方を学習していくことになります。昨今、社会情勢の変化に伴って子ども同士のかかわりの在り方が変わってきていると指摘されています。そうした中で、感情調整の仕方を系統的に教えていくことの重要性（Payton et al., 2008）も指摘されていますが、人とのうまい付き合い方はやはり人とかかわる中でこそ身についていくと言えるでしょう。

④　学童期の発達

　小学校に入学した陽葵ちゃん。幼稚園のお友達とは別々の小学校になってしまったため最初は不安だったものの、新しい友達もでき、学校の勉強にも積極的に取り組むなど、学校生活は基本的には楽しいものでした。好きなことや得意なことが見つかる一方で、苦手なことやどうしても自信が持てないことも出てきましたが、持ち前の生真面目さもあり、コツコツと取り組むことができています。友達との関係では３年生の秋に些細なことからギクシャクしてしまい、辛い体験もしました。それでも他の友達や先生、家族の支えを得たことで苦しい時期を乗り越えて、いよいよ小学校最後の１年が始まろうとしています。

1　学童期という時期

　概ね小学校６年間に相当する時期は学童期と呼ばれ、幼児期の心身の成長・発達をベースにして、さらに世界が拡がっていく時期です。遊びを中心とした生活から、時間割に基づいた生活パターンに変わり、自分のことはある程度自

分でできることや、他者との協調性も求められるようになります。自分で自分のことを決めていく機会も増えていきます。基本的に養育者や保護者に守られていた幼児期が終わったばかりの状態から、自己を模索・確立する青年期に突入していく直前まで、変化の大きな数年間と言えるでしょう。

2 身体・運動の発達

　小学校に入学した時と卒業する時を比較すれば一目瞭然ですが、学童期を通じて体格や体力という点では大きな変化を遂げます。脳は外見的な変化はほとんどないものの、機能という点では大きく変化します。乳幼児期には「からだの脳」と呼ばれる脳の中央部分が主に成熟していくのに対し、学童期は「人間らしさの脳」と呼ばれる大脳新皮質、主に前頭葉が発達していく時期と言われています。それに伴い、思考、判断、計画などの認知機能が向上していきます。

3 認知・思考の発達

　ピアジェの認知発達理論では、「前操作期」は小学校1〜2年生頃まで、その後、「具体的操作期」を経て、12歳以降とされる「形式的操作期」へと移っていきます（Piaget, 2007）。つまり、小学校の6年間はそのまま「具体的操作期」に当たると考えることができます。ピアジェの操作の概念は緻密かつ複雑なため、ここで十分に論じることはできませんが、大雑把に表現すると「物事の見かけにだまされずに論理的に考えることができるようになる」ということです。例えば、形の異なる2つの容器AとBがあり、Aには水が入っており、Bは空の状態を想像してください。容器Aから容器Bに水を移し替えた時、容器の形が異なるため、水面の高さが変わるわけですが、具体的操作期にある子どもは「見た目（水面の高さ）が変わったとしても水の量は変わらない」ということを理解できるようになっていきます（逆に言えば、前操作期の子どもは「水が増えた・減った」と考えます）。小学校低学年は実体験を通じた学習が重視されていますが、実際にやってみる中で物事の認識が高まっていく前操作期から具体的操作期への過渡期にはそういった学習が最適なのでしょう。

学童期を通じて様々な認知機能が向上していきますが、メタ認知はその最たるものと言えるでしょう。メタ認知は「認知の認知」と呼ばれ、自分の思考、感情状態、置かれた状況などを客観視したり俯瞰したりすること、あるいは、相手の思考、感情状態、置かれた状況などを推測することを指します。自分が何を知っているか知っていること、相手が何を知っているか知っていることは、その後に起き得ることを予測したり、計画を立てたり、行動したりするための重要な情報源になります。幼児期の子どもは衝動的に行動して失敗したり、周囲には無謀に思えるようなことにチャレンジしようとしたり、自分が見たまま・感じたままに振る舞ったりすることがありますが、これはメタ認知がまだうまく働いていない状態と考えることができます。メタ認知の萌芽は幼児期後期にあり、学童期をかけて発達していくと考えられており、的確な判断や適切な行動が徐々に可能になっていくのです。また、メタ認知は動機づけ、自己効力感、道徳性、社会的比較、社会的学習など、心理学の様々な概念ともかかわっており、理論的研究、実践的研究が活発に行われています。

4　言語・社会性・コミュニケーションの発達

　一般的に、話し言葉の基礎は幼児期に完成すると言われています。当然、コミュニケーションの道具としての言語の役割は一生涯続いていくわけですが、言語には思考の道具としての役割もあり、発達という視点で言うと学童期以降はむしろ後者の重要性が相対的に大きくなっていくと言えるでしょう。

　就学を機に他者とのかかわり方も変化します。幼児期の子ども同士の関係は基本的に大人を介したものであるわけですが、学童期になると大人の目を離れて子どもだけで過ごす時間が増えていきます。そんな中で、親子関係、友人関係、それぞれの相対的な重要性も変化していきます（第3章参照）。

　かかわる人が増えれば、あるいはかかわる頻度が増えれば、それだけ他者とうまく付き合っていくことが求められます。そういった中で重要となるもののひとつとして、相手の視点に立って物事を考える力（社会的視点取得能力）が挙げられます。これは、「他の人には自分とは異なる考えがあるかもしれな

い」と気づくことから始まります。ピアジェの認知発達理論でいうところの脱中心化で、5〜6歳頃にその端緒があります。その後、相手の気持ちを推測することが徐々に上手になっていくわけですが、それでも表面的な言動に引きずられることも多く、読み違えたり隠された思いに気づかなかったりすることも多いでしょう。年を重ねるにつれ、先述したメタ認知の発達も相まって、自分の考えや行動は相手にはどう映るのかをイメージできるようになっていきます。青年期以降は、「ここにはいない第三者から見るとどうか」という視点ももつことができるようになると言われており、社会の一員としてどうあるべきかといった道徳性の発達（第10章参照）ともかかわってきます。

　あいさつをする、会話を始める、気持ちを伝える、謝る、断る、SOSを出すなど、他者とうまくかかわっていくための考え方や振る舞いは「ソーシャルスキル」と呼ばれ、多くの場合、日々のかかわりの中で自然と身についていくものと考えられています。しかし、いろいろな理由でその定着がスムーズにいかないことがあること、ソーシャルスキル・トレーニングとして学ぶ機会を設けることの重要性も指摘されています（渡辺・藤枝・飯田, 2019）。

5　まとめ

　本章では、胎児期、乳児期、幼児期、学童期を通じた子どもの発達を概観してきました。個人差は当然あるものの、一般的に子どもはどう発達していくのか、そこにはどんな要因がかかわっているのかといった知識は、子どもとかかわる上で非常に有益なものです。目の前の子どもがどんな子どもなのか、どうかかわっていけばよいのか、知識だけで「答え」が見つかるわけではないものの、その手がかりは発達心理学がこれまで積み上げてきたことの中にあるかもしれません。「発達障害」と呼ばれる状態にある子ども、逆境的小児期体験（ACE；Adverse Childhood Experience）を有する子どもなど、支援を要する子どもの状態像は様々です。諸領域における子どもの発達過程、あるいは発達が脅かされる時など、本書を読み進めていく中でさらに理解を深めていってくだ

さい。

■参考・引用文献

Bowlby, J. （1969/1982） *Attachment and Loss. Vol.1. Attachment.* The Hogarth Press Ltd.（黒田実郎・大羽蓁・岡田陽子・黒田聖一訳 （1991） 母子関係の理論Ⅰ愛着行動（新版） 岩崎学術出版社）.

Erikson, E. H. （1959） *Identity and the life Cycle.* New York: Norton.（西平直・中島由恵訳 （2011） アイデンティティとライフサイクル 誠信書房）.

Heyley, C. L., & Elisabeth, L. H. （2014） Review: The impact of motor development on typical and atypical social cognition and language. *a systematic review Child and Adolescent Mental Health*, 19, 163-170.

加治正行 （2010） 妊婦の受動喫煙と胎児、子どもへの影響 禁煙科学, 4, 1-5.

Kinzler, K. D. （2021） Language as a social cue. *Annual review of psychology*, 72, 241-264.

厚生労働省 （2023） 令和4年簡易生命表の概況 厚生労働省 Retrieved August 16, 2023 from https://www.mhlw.go.jp/toukei/saikin/hw/life/life22/index.html

Meltzoff, A. N., & Moore, M. K. （1977） Imitation of facial and manual gestures by human neonates. *Science*, 198, 75-78.

Morton, J., & Johnson, M. H. （1991） CONSPEC and CONLERN: A Two-Process Theory of Infant Face Recognition. *Psychological Review*, 98, 164-181.

沼部博直 （2021） 胎児性アルコール症候群および胎児性アルコールスペクトラム症 小児内科, 53, 234-237.

Payton, J., Weissberg, R. P., Durlak, J. A., Dymnicki, A. B., Taylor, R. D., Schellinger, K. B., & Pachan,M. （2008） *The positive impact of social and emotional learning for kindergarten to eighth-grade students: findings from three scientific reviews.* Chicago: Collaborative for Academic, Social, and Emotional Learning.

Piaget, J.・中垣啓訳 （2007） ピアジェに学ぶ認知発達の科学 北大路書房.

Russell, M. J. （1976） Human olfactory communication. *Nature*, 260, 520-522.

寺田光成・エルミロヴァ マリア・木下勇 （2020） 三世代変遷からみた人口減少下における農村の子どもの屋外遊び実態に関する研究――福島県石川町におけるケーススタディ 日本建築学会計画系論文集, 85, 307-316.

Tomacello, M. （2003） *Constructing a Language: A Usage-Based Theory of Language Acquisition.* Harvard University Press.（辻幸夫・野村益寛・出原健一・菅井三実・鍋島弘治朗・森吉直子訳 （2008） ことばをつくる――言語習得の認知言語学的アプローチ 慶應義塾大学出版会）.

渡辺弥生・藤枝静暁・飯田順子編著 （2019） 小学生のためのソーシャルスキル・トレーニング スマホ時代に必要な人間関係の技術 明治図書出版.

Chapter 2

子どもの発達
——青年期

　子どもから大人まで、多くの人に親しまれているスタジオジブリ作品のひとつに、アニメーション映画『千と千尋の神隠し』（宮﨑駿監督, 2001）があります。この映画を心理学的観点から解釈すると、主人公の女の子「千尋」の青年期（思春期）の始まりを描いた作品であるとされます（愛甲, 2020）。『千と千尋の神隠し』から20年以上を経て公開された『君たちはどう生きるか』（宮﨑駿監督, 2023）も、同じく、主人公の男の子「眞人」の青年期の始まりを描いた作品であると解釈できるでしょう。「千尋」は10歳、「眞人」は11歳ですが、この設定は青年期が12歳頃までに始まることや、女の子の青年期の始まりが男の子より早いという知見に一致します。また、「千尋」はトンネルの向こうの世界で、「眞人」は塔の中の世界で、様々な経験を通して成長していくという物語は、葛藤しながらも社会的経験を通して自立への自信を深める時期（矢野・落合, 1991）とされる青年期のテーマと符合するものです。20年前も現在も、青年期を描いた作品が多くの人を魅了していることはとても興味深く感じます。

　第2章では、第1章で見てきた乳児期、幼児期（前期・後期）、学童期に続く青年期について、その変化・発達を概観します。「千尋」や「眞人」の経験にも触れながら、子どもにとっての青年期をひもといていきましょう。

1　青年期（思春期）の発達

エリクソン（Erikson, 1980）が心理・社会的発達の第5段階とした「青年期

(adolescence)」は、従来、12歳頃から20代前半までの間とされてきました。「思春期（puberty）」と青年期を同じ意味で用いる場合もありますが、思春期は学童期の終わりに当たる10〜12歳頃から17歳頃まで、つまり青年期の前半と重なり合うように位置づけられます（矢野・落合, 1991）。しかし近年では、30歳前後までを青年期に含めるという考え方も広まってきました。青年期と成人期の境界が曖昧になっていると指摘されており（伊藤, 2006）、現代社会では青年期の終わりを明確にすることは難しいと考えられます。

　それでは、青年期の特徴を大きく①身体面、②認知面、③対人面の3つの領域に分けて見ていきましょう。

1　身体面の発達

　青年期（思春期）における身体面の発達を特徴づけるのは、子どもから大人の身体になる、つまり生殖可能な身体になるということです。その始まりは、「第二次性徴」です。男性ホルモンや女性ホルモンが分泌されることで、男の子は声変わりや精通など、女の子は乳房の膨らみや初潮などといった身体の変化が起こります。外見的にも機能的にも、男の子は男性らしい、女の子は女性らしい身体になっていくのです。同時期に、「成長スパート」と呼ばれる急激な身長の伸びも見られ、1年で約8〜12cm増加することもあります。

　こうした第二次性徴に伴う身体の変化には、個人差があるものの、女の子が10〜14歳頃、男の子は2年ほど遅れて12〜14歳頃に起こることが一般的です。急激な身体の変化は、鉄欠乏性貧血や起立性調節障害といった病気の発症との関連が指摘されています（松島・田中・玉井, 2004；加藤, 2010）。また、身体の変化をうまく受け止められないと、ダイエット行動などにつながり、さらには摂食障害になる場合もあるとされます（上長, 2007）。青年期には周囲の言動に敏感になるため、家族や友達の何気ない言葉や、メディアなどを通して伝わる社会的な風潮によって、「痩せている方が可愛い」「筋肉がついている方が格好いい」といった偏ったイメージを作り上げる可能性もあります。そのため、青年期には子どもの食行動などを注意深く見守る必要があるでしょう。

2 認知面の発達

ピアジェ（Piaget, 1964）の認知発達理論によれば、青年期は「形式的操作期」の段階に当たります（第1章参照）。形式的操作期では、「具体的操作期」までの具体的かつ現実的な確認から解放されて、仮説の処理や命題による推理が可能になるという、思考の転換が生じるとされています（Piaget, 1964）。例えば、「AさんはBさんより背が高いです。BさんはCさんより背が高いです。では、身長が一番高いのは誰ですか？」という問題をどのように解いていくでしょうか。具体的操作期の段階の子どもは、問題を紙に書くなど、具体的に目で見て扱える形にして考えなければ、解くことが難しいとされます。頭の中だけで考えるよう制約されると、ほとんどの子どもが誤ってしまうのです。それに対して、形式的操作期の段階の子どもは、頭の中でイメージして推理するだけで、問題を解くことができます。ある現実の出来事から一般化できる法則や理論を導き出したり、物事を論理的に考えたりする推論が可能となるためです。形式的操作期には、帰納的推論や仮説演繹的推論の他に、複数の要因を組み合わせて考えることや、比例や確率といった概念の理解もできるようになるとされています（Piaget, 1964）。

ただし、思考の転換が生じる時期には幅があり、その質的な変化はひとりずつ異なります。学習につまずきを感じる子どもも多いことから、「9歳、10歳の壁」や「9歳、10歳の節」という表現もあるほどです（藤岡, 2010）。そのため、子どもの実態に合った学習支援、教育的支援が求められます。例えば、形式的操作期の段階に至っていないと考えられる子どもに対しては、図示したり例を複数挙げたりするなど、具体的に扱える手がかりを与えることが有効です。

3 対人面の発達

先述した認知面の発達は、周囲の人々や環境に対する子どもの見方にも変化をもたらします。それは、親に批判的な言動をしたり、社会に強い不満を抱いたりする「第二次反抗期」として表出していきます（矢野・落合, 1991）。第二次反抗期の子どもは、思いも寄らないことで反抗的な態度を示すため、親や家

族は接し方がわからず、「放っておこう」「関わらないようにしよう」と腫れ物に触るような扱いをしてしまう場合もあるでしょう。しかし、青年期の子どもにとって、親が重要な存在であることに変わりはありません。狐塚（2011）は、家族内のストレスが高まる時期であっても、親子間では率直なコミュニケーションによる相互交流を行うことが、青年期の子どもの情緒的安定に寄与すると指摘しています。また、小西・黒川（2000）は、親子間のコミュニケーションを認知しているほど、青年期の子どもの心理的健康が高くなるという調査結果を報告し、親が子どもとわかり合うために対話することや幼少期からコミュニケーションを積み重ねていくことの重要性を指摘しています。いずれの結果からも、子どもの反抗に対して親が粘り強くかかわる必要性がわかります。青年期の子どもは、反抗・反発と甘え・依存という両極端な振る舞いを繰り返しながら、少しずつ親から離れ自立していきます。こうした様子は、ホリングワース（Hollingworth, 1928）によって「心理的離乳（psychological weaning）」と名づけられました。

　親や家族との関係以上に、青年期の子どもにとって対人面で重要になるのは、友達や仲間との関係（第3章参照）です。NHK放送文化研究所（2022）が行った調査によれば、「あなたは、今、どんなことに関心をもっていますか」という問いに対して、「友だちづきあい」と回答した中学生は59.4%、高校生は54.1%でした。この結果は、「家族や家のこと」と回答した中学生が20.6%、高校生が18.0%であったことに比べて、非常に高い割合です。また、「あなたが悩みごとや心配ごとを相談するとしたら、主に誰に相談しますか」という問いに対して、「友だち」と回答した中学生は38.8%、高校生は42.6%でそれぞれ最も高く、次いで「お母さん」と回答した中学生が32.6%、高校生が30.2%という結果でした。こうした調査結果からも、青年期にとって友達の存在は大きく、発達とともにその重要性も高まっていくことがわかります。

　『千と千尋の神隠し』では、「千尋」の両親は豚になってしまいます。また、『君たちはどう生きるか』では、「眞人」の実母は火事で死亡し、父親は財力をひけらかして学校での「眞人」の立場を悪くします。いずれの親も、子どもに

とって頼ることのできない存在として描かれています。代わって、他の登場人物たちが「千尋」や「眞人」を助ける存在となっていきます。そして、「千尋」は両親、「眞人」は義母を助け、新たな関係を築くことになるのです。こうした過程は、青年期の子どもが友達を心理的な支えとして、親に守られる存在から脱却していく様子と重なると考えられます。

　さらに近年では、LINE、Instagram など SNS（Social Networking Service）の普及により、青年期の子どもの対人面に変化が起こっているとされます（竹田, 2021）。SNS を利用している中高生は 99%、さらに SNS 上のみの付き合いで実際には会ったことがない友達がいる中高生は 33.2% となっています（NHK放送文化研究所, 2022）。青年期の子どもにとって、SNS は不可欠なコミュニケーションツールとなっているため、適切な利活用ができるようメディアリテラシーを向上させる支援が必要でしょう。

② 自分とは何か

　前節で見てきたように、青年期には自分の心と体、周囲との関係性も大きく変化します。その変化によって、自分に対する意識が強まります。例えば、身体の変化が気になって鏡を見る機会が増えたり、友達と似ているところや違うところを気にしたりする中で、どうしても自分を意識するようになっていきます。こうした自分に対する意識から「自分についてどう感じるか」「自分は他者からどう見られているのか」という問いが生じることに関して、エリクソン（Erikson, 1980）は「アイデンティティ（identity）」という概念を示しました。アイデンティティ

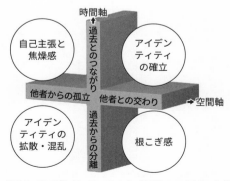

図2-1　アイデンティティのイメージ（鑪, 2002をもとに作成）

の定義は多岐にわたりますが、「過去の自分」と「将来の自分」という時間軸による一貫性の感覚と、「自分が抱く自分についての概念」と「周囲の抱く自分についての認識」という空間軸をもった斉一性の感覚から捉えることができると説明されます（図2-1；鑪, 2002）。

エリクソン（Erikson, 1980）は、人間には各発達段階特有の「心理・社会的危機（psychosocial crisis）」があると仮定しました。心理・社会的危機とは、ライフサイクルの中で次の過程に進むのか、前の発達段階に逆戻りするのか、横道に逸れるのかという分岐点とされます（鑪, 2002）。青年期における心理・社会的危機は「アイデンティティ対アイデンティティ拡散」ですが、青年期以外の発達段階においてもアイデンティティに関する要素は存在しており（図2-2）、アイデンティティの形成は生涯にわたるものとされています。エリクソン（Erikson, 1980）は、青年期以外の発達段階においても、その構成要素とアイデンティティには関連があると考えていたのです。

	第1段階	第2段階	第3段階	第4段階	第5段階	第6段階	第7段階	第8段階
I 乳児期	基本的信頼 対 不信							
II 幼児前期		自律 対 恥、疑惑						
III 幼児後期			自主性 対 罪悪感					
IV 学童期				勤勉 対 劣等感				
V 青年期	時間的展望 対 時間的拡散	自己確信 対 アイデンティティ意識	役割実験 対 否定的アイデンティティ	達成への期待 対 労働麻痺	アイデンティティ 対 アイデンティティ拡散	性的アイデンティティ 対 両性的拡散	指導性、服従性 対 権威の拡散	イデオロギーへの帰依 対 理想の拡散
VI 成人前期						親密 対 孤立		
VII 成人期							世代性 対 停滞性	
VIII 老年期								統合性 対 絶望

図2-2　各発達段階における心理・社会的危機とアイデンティティの危機（鑪, 2002 をもとに作成）

先述した一貫性と斉一性の両面から、もう少し詳しく青年期におけるアイデンティティの危機を説明すると、過去と向き合う恐怖から過去とのつながりを断ち切ると一貫性が曖昧になり、他者に自分が飲み込まれるような恐怖から孤立や敵対した関係になると斉一性が損なわれます。このように一貫性と斉一性が危うい状態になると、自分が何者か見失い、アイデンティティが拡散してしまうと考えられます。反対に、自分の過去や将来と向き合い、他者と対話的な関係を築くことができれば、「これが自分だ！」という確かな認識であるアイデンティティを確立したことになるのです。

　この青年期における分岐点は、子どもにとって自分の生き方の選択を迫られる事態であり、心の世界で「思春期的冒険」（鑪, 2002）が行われるとされます。『千と千尋の神隠し』の「千尋」は、トンネルの向こうの世界で、働くこと、大きな赤ちゃんである「坊」の世話をすること、「カオナシ」や「銭婆」を助けることといった役割を選択します。また『君たちはどう生きるか』の「眞人」は、塔の中の世界で、生まれてくる命の象徴である「ワラワラ」を助けること、「青サギ・サギ男」や「キリコ」と友達関係を築くこと、自分の中の悪意を認めることといった選択を迫られます。物語で描かれた「千尋」や「眞人」の数々の選択の経験は、まさに「思春期的冒険」のメタファーであると考えられるでしょう。

③　心身の混乱

　小学６年生になった陽葵さん。少しずつ膨らんできた胸や突然始まった生理に戸惑い、体調が優れない日もありました。それでも、小学校最後の運動会や音楽祭といった学校行事に一生懸命に取り組み、友達との思い出をたくさん作って卒業を迎えました。

　中学校へ入学するまでは期待と不安でとても緊張していましたが、１年生の夏が終わる頃には勉強や部活動にも少しずつ慣れて、生活のリズムもつかめてきました。クラスにはまったく学校に来ていない人や、別の教室に登校しているのか

数回しか見かけたことがない人もいますが、陽葵さんは自分のことに精一杯で他の人のことを気にする余裕などありません。最近は、家族といると些細なことでイライラするし、学校にいると周りに話題やテンションを合わせなければと気を遣います。自分でもよくわからない将来や恋愛など、何でも話せる友達が1人か2人はいますが、一緒にいて安心することもあれば、急に「ちゃんと空気を読めていたかな」と心配になることもあります。陽葵さんは「一人で音楽を聴いたり、動画を見たりしている時間だけが、ありのままの自分でいられる」と感じていました。

　青年期は、身体面や認知面、アイデンティティの危機といった大きな内的変化の時期であり、対人面や高校・大学への進学、就職といった外的環境の変化も重なります。そうした内外の変化に伴う心身の混乱は、精神疾患や不適応行動の発現と関連することが知られています。精神疾患に関して、UNICEF（2021）によれば、世界の10～19歳の子どもの13％以上に、うつ病、不安障害、双極性障害、摂食障害、統合失調症などといった何らかの心の病気の症状が見られると推定されています。また、不適応行動に関して、文部科学省（2022）によれば、日本の小中学校における不登校児童生徒数は約24万人であり、5年連続で増加しています（第14章参照）。

　さらに、現代の日本において深刻な問題となっているのが自殺です。年齢階級別の死因のうち、10～14歳の約30％、15～29歳の約50％を自殺が占めています（厚生労働省, 2022a）。特に、2020年に発生した新型コロナウイルス感染症に関連する様々な影響により、青年期の子どもの多くが抑うつやストレス症状を訴えており（UNICEF, 2021）、自殺の増加との関連も推察されます。

　こうした状況を踏まえ、学校現場において「メンタルヘルスリテラシー教育」が進められています。「メンタルヘルスリテラシー（Mental Health Literacy）」とは、「精神健康の向上、精神疾患の予防、早期発見・診断、治療の継続や回復のそれぞれの土台として必要な力やスキル」と定義されます（Kutcher, Wei, & Coniglio, 2016）。具体的には、①心の健康を維持するために何をすべきか理解している、②精神疾患の症状とその対処方法を理解している、

③精神疾患に対して偏見をもたない、④精神的な問題で困った時にいつ・どこで助けを求めるのかを理解している（その相談先で何を期待できるのか、何が得られるのかを理解している）という4つの要素が含まれます（Kutcher et al., 2016）。

国内外の研究結果から、メンタルヘルスリテラシー教育によって子どもの精神疾患に関する知識が向上し、精神疾患に対する態度が改善するだけでなく、困っている時や苦しんでいる時に適切に助けを求める「援助希求行動」も改善することが示唆されています（小塩・住吉・藤井・水野, 2019）。メンタルヘルスリテラシー教育の普及により、青年期の子どもが自分の不調に早く気づき、適切な支援を受けられるようになることが期待されます。

④　多様なセクシュアリティ

青年期は、学童期までとは異なる感覚で他者に惹かれているという意識が生じ、明確な恋愛感情を抱くことの多い時期でもあります。それは、子どもが自分の「セクシュアリティ（sexuality）」を自覚するきっかけをもたらします。近年、セクシュアリティは、「SOGI」と表される「性的指向（Sexual Orientation）」と「性自認（Gender Identity）」の2つの要素から捉えることが一般的になってきています。しかし片桐（2019）によれば、セクシュアリティはより多様で、①性的身体の特徴、②指定されたジェンダー、③ジェンダー体験、④性指向、⑤ジェンダー役割、⑥ジェンダー表現、⑦性嗜好、⑧性的反応、⑨生殖という9つの要素の総体であるとされます（表2-1）。

また、多様なセクシュアリティを踏まえ、性的少数派の人々に名前を付けて整理した表現として「LGBTQ＋」という言葉があります。LGBTQ＋とは、レズビアン（lesbian）、ゲイ（gay）、バイセクシュアル（bisexual）、トランスジェンダー（transgender）、クィア（queer）、クエスチョニング（questioning）と、その他をプラス（＋）として表した用語です（葛西, 2023）。

表 2-1　セクシュアリティの構成要素

① 性的身体の特徴	性に対する、人間の生得的・先天的な身体のつくり
② 指定されたジェンダー	社会的な要請によって指定され、付与される「男」か「女」いずれかの性別
③ ジェンダー体験	人間一人ひとりに固有の、内的・主観的に経験されるジェンダー
④ 性指向 　（性的指向）	性的魅力や恋愛感情を感じる対象となる性についての指向
⑤ ジェンダー役割 　（ジェンダーロール / 性役割）	指定された特定のジェンダーへ向けられる、社会・文化的な影響を含む役割期待や規範性
⑥ ジェンダー表現	個人から社会へ能動的に表出される、身体的な外見や衣服の選択、仕草などの表現
⑦ 性嗜好	個人が性的に満足する、または性的に興奮するために必要な空想を含む刺激
⑧ 性的反応	性交渉などの性的状態における身体及び心理的な反応
⑨ 生殖	生殖・妊娠・出産が可能か否かという生殖能力と、妊娠・出産・中絶の選択に関わる産むか・産まないかという生殖意思決定

　近年、保育や教育の現場でも多様なセクシュアリティへの理解・配慮が広がってきていますが、「男の子は○○、女の子は△△ね」「もう好きな人はできた？」「将来、結婚するとしたら……」といった何気ない言葉かけでも、知らず知らずのうちに子どもに対して断定的なセクシュアリティを押し付けている可能性があります。青年期になるまでに「異性を好きになるのは当然だ」などと思い込んでしまうと、「自分はLGBTQ+ かもしれない」と気づいた子どもは、計り知れない衝撃を受けることになるでしょう。国内外の研究結果から、LGBTQ+ の児童生徒は少なくとも約8%、35人学級であれば各クラス2～3人程度いるとされ、その約8割は中学校入学までに自分の性別に何らかの違和感を抱いていたことが明らかになっています（板東, 2019）。また、LGBTQ+ の子どもは、不登校傾向や学業不振を呈したり、不安や抑うつ、無気力などといった精神症状を示したりするリスクが高く、いじめや暴力の被害経験も多いことが報告されています（葛西, 2023）。

　すべての子どもが自分自身のセクシュアリティを認め、他者も含めた多様なセクシュアリティを受け容れることができるように、幼児期から家庭内でのか

かわりを工夫したり、学校現場において性の多様性を認め合う教育を充実させたりすることが必要だと考えられます。

⑤　現代と未来の青年期

　早いもので陽葵さんは高校卒業を迎えました。時々、家族から「反抗期の時は本当にどうなるかと思った」と言われます。確かに、SNSのことで友達とギクシャクしたり、恋愛や受験のことで悩んだりしたこともあったけれど、自分では大したことは無かったと思っているのでよくわかりません。

　陽葵さんは大学にも無事に合格し、4月からは心理学科に入学します。「人の心について学ぶのはおもしろそう」と思って選びましたが、「将来はどうするのか」「どの職業になりたいのか」と聞かれても、具体的にはわからないというのが正直な気持ちです。社会的には18歳から成人と言われますが、自分が大人だとはまだ思えないのです。それに、焦って大人になる必要もないと思っています。陽葵さんは、今の自分に自信があるとまでは言えないけれど、それなりに満足はしているので、これからも自分の生活を大切に、のんびりと人生を楽しんでいけたら幸せかなと考えています。

　かつて青年期は、心身ともに動揺が激しい時期であるとして「疾風怒濤(stress and storm)」と表現されました (Hall, 1904)。本章で見てきたように、青年期では心身の発達に伴って、アイデンティティ、精神疾患などのリスク、セクシュアリティといった様々な変化が生じ得ることからも、激しい風や荒れ狂う波のような時期とする表現は適しているように思います。しかし1960年代以降には、そのような危機的時期ではなく、保守的で落ち着いた無難な時期として、青年期を平穏に過ごす子どもも一定数いることが認められるようになりました (伊藤, 2006)。それぞれの主張は「青年期危機説」と「青年期平穏説」とされています。近年は、青年期平穏説においても顕在化していないだけで、子どもの内面は激しく動揺している可能性が指摘されています (杉原, 2001)。

青年期にはアイデンティティの危機が訪れるとしたエリクソン（Erikson, 1980）も、青年期の持続期間や激しさは個人によって異なることを認めていました。また、家族や国家、伝統や文化といった環境が、理想とする役割や価値観を青年期の子どもに強制する可能性も示唆しています。特に、高度な文明社会は、青年期の子どもが成人期に入ることを猶予する間に、様々な社会的役割に関する模索を行うことを保証しているとし、その期間を「モラトリアム（moratorium）」と名づけました（Erikson, 1980）。

　現代の日本社会においては、「ヤングケアラー（young carers）」と呼ばれる子どもの問題も取り沙汰されています。ヤングケアラーに法令上の定義はまだありませんが、厚生労働省（2022b）によれば「本来大人が担うと想定されている家事や家族の世話などを日常的に行っている子ども」と表されます。2020年度に行われた調査の結果、中学2年生の5.7%、全日制高校2年生の4.1%に世話をしている家族がいるといった実態が明らかになりました（日本総合研究所, 2022）。ヤングケアラーの子どもは、学習時間が十分に確保できなかったり、友達付き合いが制約を受けたりするために、青年期の発達に様々な弊害が出ると考えられます。すべての子どもの権利を守り、安心して青年期を過ごせる環境を与えられるような社会にしていくことが大切です。

　本章の冒頭で紹介した、「千尋」や「眞人」のそれぞれの世界での冒険は、数々の危機を乗り越えていく、とてもドラマチックな展開です。しかし、その冒険を知る人は、現実の世界には存在していません。それは、「千尋」と「眞人」にとって個人的・主観的な世界での、自分自身にしかわからない冒険なのです。あるいは、他者が気づいたり、共有したりすることが難しい冒険であると言い換えられるでしょう。青年期の子どもの発達に伴う心身の様々な変化は、「千尋」や「眞人」のように一人ひとり異なることを理解してください。そして、これからの日本社会が、青年期の子どもにどのような影響を与えるのかについても、注視していく必要があるでしょう。

■参考・引用文献

愛甲修子　（2020）　増補改訂版アニメに学ぶ心理学――『千と千尋の神隠し』を読む　言視舎.

板東郁美　（2019）　小学校における LGBTQ+ への対応と授業――「自分らしさ」を認め合う仲間づくり　葛西真記子編　LGBTQ+ の児童・生徒・学生への支援　誠信書房　pp.129-143.

Erikson, E. H.　（1980）　*Identity and the Life Cycle.*　W. W. Norton & Company, Inc.（西平直・中島由恵訳　（2011）　アイデンティティとライフサイクル　誠信書房）.

藤岡秀樹　（2010）　「9、10 歳児の特性」――学力・教育評価研究の立場から　心理科学, 30, 33-42.

Hall, G. S.　（1904）　*Adolescence: its psychology and its relations to physiology, anthropology, sociology, sex, crime, religion and education.*　D. Appleton and Company.

Hollingworth, L.　（1928）　*The psychology of the adolescent.*　Appleton.

伊藤美奈子　（2006）　思春期・青年期の意味　伊藤美奈子編　朝倉心理学講座 16 思春期・青年期臨床心理学　朝倉書店　pp.1-12.

上長然　（2007）　思春期の身体発育と抑うつ傾向との関連　教育心理学研究, 55, 21-33.

葛西真記子　（2023）　心理支援者のための LGBTQ+ ハンドブック――気づき・知識・スキルを得るために　誠信書房.

片桐亜希　（2019）　さまざまなセクシュアリティについて理解する　葛西真記子編　LGBTQ+ の児童・生徒・学生への支援　誠信書房　pp.31-51.

加藤陽子　（2010）　Ⅱ鉄欠乏 2. 小児と思春期の鉄欠乏性貧血　日本内科学会雑誌, 99, 31-36.

小西史子・黒川衣代　（2000）　親子のコミュニケーションが中学生の「心の健康度」に及ぼす影響　日本家政学会誌, 51, 273-286.

厚生労働省　（2022a）　令和 4 年版自殺対策白書　https://www.mhlw.go.jp/stf/seisakunitsuite/bunya/hukushi_kaigo/seikatsuhogo/jisatsu/jisatsuhakusyo2022.html（2023 年 8 月 16 日閲覧）

厚生労働省　（2022b）　ヤングケアラー支援体制強化事業実施要綱　https://www.cfa.go.jp/assets/contents/node/basic_page/field_ref_resources/e0eb9d18-d7da-43cc-a4e3-51d34ec335c1/c3e87288/20230401_policies_young-carer_07.pdf（2023 年 8 月 16 日取得）

狐塚貴博　（2011）　青年期における家族構造と家族コミュニケーションに関する研究――青年の認知する家族内ストレスからの検討　家族心理学研究, 25, 30-44.

Kutcher, S., Wei, Y., & Coniglio, C.　（2016）　Mental Health Literacy: Past, Present, and Future. *The Canadian Journal of Psychiatry*, 61, 154-158.

松島礼子・田中英高・玉井浩　（2004）　起立性調節障害　心身医学, 44, 304-309.

文部科学省 （2022） 令和3年度児童生徒の問題行動・不登校等生徒指導上の諸課題に関する調査結果について　https://www.mext.go.jp/content/20221021-mxt_jidou02-100002753_1.pdf（2023年8月18日取得）

NHK放送文化研究所 （2022） 第6回「中学生・高校生の生活と意識調査2022」単純集計結果　https://www.nhk.or.jp/bunken/research/yoron/pdf/20221216_1.pdf（2023年8月18日取得）

日本総合研究所 （2022） ヤングケアラーの事態に関する調査研究報告書　https://www.jri.co.jp/file/column/opinion/detail/2021_13332.pdf（2023年8月16日取得）

小塩靖崇・住吉太幹・藤井千代・水野雅文 （2019） 学校・地域におけるメンタルヘルス教育のあり方　予防精神医学, 4, 75-84.

Piaget, J. （1964） *Six études de psychologie.* Denoël.（滝沢武久訳 （1968） 思考の心理学——発達心理学の6研究　みすず書房）.

杉原保史 （2001） 「平穏な青年期」を生きる青年の諸相　京都大学カウンセリングセンター紀要, 30, 23-36.

竹田駿介 （2021） 青年期における対人関係性の変化によって自己が変容することについての一考察　応用心理学研究, 46, 207-215.

鑪幹八郎 （2002） 鑪幹八郎著作集Ⅰアイデンティティとライフサイクル論　ナカニシヤ出版.

UNICEF （2021） 世界子供白書2021（日本ユニセフ協会広報室訳 （2022） 日本語版（要約） https://www.unicef.or.jp/sowc/pdf/UNICEF_SOWC_2021.pdf）（2023年8月18日取得）

矢野喜夫・落合正行 （1991） 新心理学ライブラリ=5 発達心理学への招待——人間発達の全体像をさぐる　サイエンス社.

Chapter 3 | 集団における子ども

　子どもの社会化の過程、すなわち、個人が属する社会で適応的に行動できるように知識・価値・言語・ルール等を取り入れていく過程において、仲間との関係、友人との関係は親子関係と並んで重要と考えられています。子どもたちは、仲間、友人との遊びや相互交渉を通じて、様々な役割を担いながらその場の状況や集団特性に適合できる柔軟性を培い、主張と抑制の均衡を図りながら関係性を修復する問題解決能力を得るなど、多くのことを学びます。また、児童期、青年期において、仲間・友人関係は個人の適応や精神的健康に強く影響する重要な社会的関係であることが多くの研究によって示されています。本章では、子どもにおいて、特に重要な集団である仲間・友人関係に焦点をあて、その特徴、関連する内容について論じます。

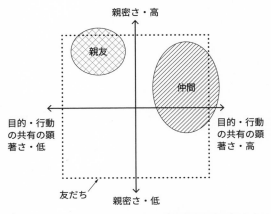

（最も親しく、目的・行動の共有の顕著さが低い位置に親友、親友に次ぐ親しさで、目的・行動の顕著さが高い位置に仲間、友だちは友人関係の総称と考えられたため、『親密さ』が高く、『目的・行動の共有の顕著さ』の低い領域を中心として平面全体を覆うように〔図の破線で囲まれた四角内〕、それぞれ配置された。）

図 3-1　青年期の友人関係概念図（難波, 2005）

なお、仲間、友人という用語ですが、心理学領域の研究ではその違いについて明確に分けて論じられていません。数少ない研究として、ここでは難波（2005）の研究を紹介します。難波（2005）は、仲間概念を 24 名の青年への直接面接を通して探索的に検討し、「目的・行動の共有の顕著さ（高―低）」と、「親密さ（高―低）」によって青年の対人関係を捉え、この 2 軸を基に平面上に仲間、親友、友達を布置することを試みています（図 3-1）。本章では、各研究の紹介では使用されている表記方法に合わせて記載していきますが、区別が難しい場合には仲間・友人関係などと表記していくことにします。

①　幼児期の仲間・友人関係の発達

　幼稚園、保育所、認定こども園のような子どもたちが集団で過ごす場面は、家庭ではあまり経験することができない同年齢の集団の中での振る舞いを学ぶ重要な機会となります。こうした同年齢の子どもたちが集団の中で経験することは、就学後の学校生活の基礎となります。

　幼児期の仲間関係を理解しようとする際には、遊びの発達についての知見が参考になります。仲間とのかかわりの点から遊びの発達を観察・分類したパーテンは、遊びの分類を図 3-2 のように示しています（Parten, 1932）。この研究によれば、2 歳では並行遊びや一人遊びが多く、3 歳以降に連合遊びと協働遊びが増加します。仲間との社会的関係があるかどうかに着目すると、幼児期の遊びは「一人遊び（平行遊びより前）」と「社会的遊び（連合遊び後）」に大別することが可能とされ、従来は一人遊びが十分にできるようになった後に社会的遊びができるようになると考えられていました。しかし、すべての一人遊びが発達的に未熟なことの現れというわけではなく、一人遊び、社会的遊び、それぞれの遊びを通じて子どもがどのような発達的経験をしているのかを捉えることの重要性が指摘されています（飯島, 2018）。

　年齢があがり仲間関係が発展すると、子どもたちはルールのある遊びを楽しむようになります。ルールのある遊びでは、遊びを構成するルールを理解でき

遊び	内容
専念しない行動	ひとりでからだを動かしたり何かをボーっと見ている状態
ひとり遊び	他の子どもとは違う遊びをしている状態
傍観者遊び	他の子どもの遊びを眺めているが、その遊びに積極的に参加しない状態
並行遊び	他の子どもと同じような遊びをしているが、お互いの交流がない状態
連合遊び	他の子どもと一緒に遊び、会話や遊具の貸し借りなどお互いの交流はあるが、遊びの中でのはっきりとした役割分担や共通のルールがない状態
協働遊び	他の子どもと一緒に遊び、集団の中での役割分担やルールが見られる組織的な遊び

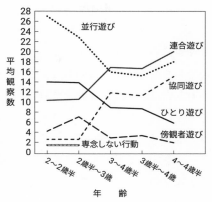

図 3-2　遊びの発達（本田，2018）

なければ遊ぶことができません。一般的なオニごっこを遊べるようになるには、どうなったらオニの役割が変わるのかの理解が必要になります。一方、ルールを遵守するだけなく、状況や人数、参加する子どもの年齢などを考慮してルールを変更することで、より楽しく遊ぶことが可能になります。遊びを組織し、ルールを自由に操作できる状態の遊びが最も高度な遊びと考えられています（飯島, 2018）。また、遊びを構成するためのルールだけでなく、遊びを展開するためのルールも子どもたちは遊びを通して学んでいきます。遊びを展開するためのルールには、仲間入り（仲間に入れてと言う）、物の貸し借り（「貸して」と伝える、伝えられたら貸す）などがあります。ルールの遵守は集団で遊ぶことを可能にし、一緒に遊んで「楽しい」という肯定的感情を集団で共有することを通して、仲間意識が育っていきます。

　幼児期の仲間とのかかわりに影響を与える要因についても多くの研究が行われています。特に、子ども自身の能力、例えば、社会的認知能力、心の理論の獲得、社会的スキルの獲得といった能力によって、仲間との関係を説明しようとしている研究が多く行われています（藤田, 2021）。これらの研究の知見から幼児が仲間・友人関係をうまく形成できない場合に、個人の認知能力や社会的

スキルを向上させるような介入や支援を行う必要性の示唆が得られます。

　ここでは、自己制御という概念について説明します。他者とのかかわりの経験や言語の発達などによって、子どもは自分で自分の行動をコントロールする力をもち始めます。この力は、子どもの仲間関係の発展させる上で重要な力とされ、自己制御という概念で研究が進められています。自己制御は「嫌なことや他と違う意見をはっきり言える」、「やりたい遊びに他の子を誘って遊べる」など自己主張的な側面と、「欲しいものを待てる、人に譲れる」、「きまり・ルールを守る」、「悔しいことや悲しいことに感情を爆発させない」などの自分の意志・願望・感情を抑える自己抑制的側面があります。

　大内・長尾・櫻井（2008）は、従来の2側面に加え、「注意の移行（例：何かに夢中になっていても名前を呼べばすぐに反応する）」と「注意の焦点化（例：話を最後まできちんと聞いていることができる）」を加えた4側面から自己制御を捉えています。そして問題行動との関連においては、自己主張と自己抑制のバランスを考慮するだけでは十分でなく、注意の制御の低さも考慮する必要性が示唆されています。自己制御の発達は主に幼児期から小学校低学年を中心として見られますが、自己制御の発達は個人差が大きいので、年齢とともに自動的に自己制御ができるようになるとは言えません。これらは他の子どもと遊び、衝突し、折り合いを付ける体験を通して身に付けていくとされています。

　また、子どもの置かれている環境が仲間との関係にどのような影響を与えるのかについての検討も行われており、特に幼児期では親子関係の影響について関心がよせられています。氏家（2000）は、「子どもは親子関係のなかで、他の子どもとうまく関係をつくり、進展させるのに必要な技能や能力、特性を発展させる。あるいは、逆に他の子どもから排斥されたり、トラブルを起こしやすい行動パターンや特性を発達させる」と述べています。このことは実証的研究の中でも示されており、3歳から6歳児の気質と母親の情動表現スタイルとの関係について検討した田中（2009）の結果では、「自己中心的で不快感を与える情動表現スタイル」得点の高い母親の子どもは、自己コントロール得点が低く、否定的情動の生じやすさ得点が高いことを報告しています。また、「親

和的・共感的な情動表現スタイル」得点の高い母親の子どもは、自己コント
ロール得点が高いことを報告しています。

② 児童期以降の仲間・友人関係の発達

　児童期は学校生活の始まりとともに仲間・友人関係が拡大する時期です。児
童期から青年期にかけて、子どもたちを取り巻く世界は、家庭から学校へ、親
から同年代の仲間・友人たちへと広がっていきます。子どもたちは、一日の大
半を学校で過ごすようになり、仲間・友人とのかかわりを深めていくようにな
ります。

　友人選択の要因を見ると、幼児期から小学校低学年頃までは、近所に住んで
いる、保育園や幼稚園が同じ、親同士が知り合いといった外面的な条件が重視
されますが、高学年になるにつれ興味や関心が似ていること、性格が好ましい
こと、など内面的な条件が重視されるように、それまでの友人に対する表面的
な関係から、内面的な親密性をもった自律的な友人関係へと発達していきます。

　また、小学校高学年は、友人関係が大きく変容する時期であると言われてお
り、特徴として少人数で構成される、固定化された仲間集団を形成するように
なることが明らかになっています。保坂・岡村（1986）は、児童期から青年期
にかけての友人関係の発達段階についての仮説を提示し、児童期後半からギャ
ング・グループ（gang-group）、思春期前半にチャム・グループ（chum-
group）、思春期後半にピア・グループ（peer-group）といった仲間集団が出現
することを指摘しています。

　3つの仲間集団はそれぞれ異なる特徴をもっています（保坂, 2010）。ギャン
グ・グループは、保護者から自立するために友人関係を必要とし始める時期に
現れる徒党集団であり、同性の同年齢児から構成され、どちらかというと男子
に特徴的に見られると言われます。また、排他性や閉鎖性が強い仲間集団であ
り、同一行動による一体感が重視され、同じ遊びを一緒にする者が仲間とされ
ます。例えば、小学校の休み時間や休日などにみんなでドッジボール、鬼ごっ

こ、カード遊びをする集団と言えます。また、仲間集団の承認が家庭（保護者）の承認より重要になってきて、大人（保護者や教師）がやってはいけないというものを仲間といっしょにやるルール破りも見られ、「ギャング」と言われる所以とされます。

2つ目のチャム・グループは、互いの共通点や類似点を言葉で確認し合い、自分たちが同質であることを重視する同年齢の同性集団であり、どちらかというと女子に特徴的に見られると考えられています。ギャング・グループの特徴が同一行動にあるとするならば、このチャム・グループの特徴は同一言語にあるとされ、その集団だけでしか通じない言葉を作り出し、その言葉が通じる者だけが仲間であるとみなされます。個人より集団の意思が尊重され、集団の維持が重視される仲間集団とされます。例えば、何をする時でも一緒に行動したり、お揃いのグッズを身に着けたり、好きな芸能人について語り合ったりするような関係性です。

3つ目のピア・グループでは、互いの違いを認め合い、互いの価値観や理想などを語り合う関係が生じます。そのため、共通性や類似性のみでなく、互いの異質性をぶつけ合うことによって、他者との違いを明らかにし、自立した個人として互いを尊重し合うことができる集団とされています。異質性を認めることができるという特徴から、年齢に幅のある男女混合の集団も形成可能とされています。

このように、児童期から青年期にかけて、仲間集団は大人数から少人数になり、類似性だけでなく異質性を認め合う関係へと変化し、同調的な雰囲気から相互独立的な雰囲気を伴う関係へと発達していくことがわかります。これらの発達的変化については、実証研究でも支持されており、例えば、中学生と高校生の女子を対象に、同調性の高さと心理的距離の遠さの特徴から青年の友人関係を捉え、心理的適応や学校適応との関連を検討した石本・久川・齊藤・上長・則定・日潟・森口（2009）の研究があります。石本他（2009）では、心理的距離が近く同調性が高い密着型（チャム・グループに相当）は比較的中学生に多く、心理的距離が近く同調性が低い尊重型（ピア・グループに相当）は高校

生に多いことを明らかにしています。さらに、高校生においても友人関係が密着型である者は、他の者と比べて心理的適応を損ないやすいことも明らかにしています。

　落合・佐藤（1996）は、中学生・高校生・大学生を対象として同性の友人との付き合い方に関して検討を行った結果、自己を開示し積極的に相互理解をしようという付き合い方は学校段階の進行とともに強くなること、そして、みんなと同じようにしようとする同調的付き合い方は学校段階の進行とともに弱くなることを明らかにしています。一般的な友達とのつき合い方の過程では、年齢があがるにつれて、成熟した関係を築けるようになると言えますが、近年の友人関係の傾向として、表面的な同調で周囲に合わせるという心的過程が強く働いているとの指摘（塚原, 2011）、お互いに傷つけ合わないように互いの内面に立ち入ることを避け、表面的に円滑な関係を取ることで満足してしまうといった希薄な関係へ変容しているという指摘（岡田, 2010）もあります。

　また、現代に特徴的な青年期の希薄な友人関係においては「キャラ」を用いたコミュニケーションが多用されると指摘されています（土井, 2009）。キャラとはキャラクターの略語であり、「小集団内での個人に割り振られた役割や、関係依存的な仮の自分らしさ」と定義され（千島・村上, 2016）、「天然キャラ」、「いじられキャラ」、「インキャラ」などが例として挙げられます。千島・村上（2016）は、中学生と大学生がどのように自身のキャラを受け止めるか、またそれによって心理的適応がどのように異なるかを検討しています。その結果、中学生は友人から付与されたキャラを受容しにくく、キャラに合わせて振る舞うことが心理的不適応と関連するが、大学生は付与されたキャラを消極的にでも受け容れることが居場所感の高さと関連することを明らかにしています。キャラには属する友人グループ内において自らの立ち位置をはっきりとさせるとともに、友人と相容れないところがあってもそれを表にせずキャラによって覆い隠して、互いを傷つけ合わないようにするといった表面的な関係にとどまろうとする傾向がある（瀬沼, 2007）ことからも、キャラを用いたコミュニケーションは、現代の友人関係のひとつの特徴と言えます。

さらに、先述した同一性が重視されるギャング・グループ、チャム・グループでは、集団内で、異質なものを排除するという意識（排他性）が強くなったり、同じであることを求める仲間からの圧力（同調圧力：ピア・プレッシャー）が強くなったりすることが指摘されています。特定の友人との親密度が高まると、一方で、自集団以外の他者や他集団を寄せ付けない強固な排他性をもつようになり、他集団との差を明確にし、自集団の基準に合わない他者や、少しでも異質な部分が感じられる個人を排除するようになります（松本, 2016）。個人を排除することは、学校現場で大きな課題となっている「いじめ」につながると考えられています。

③　いじめの典型的な行為としての関係性攻撃

　国立教育政策研究所生徒指導・進路指導研究センター（2017）は、いじめの中でも典型的な行為は「仲間はずれ・無視・陰口」と述べています。同センターが2013 〜 2015年度に行ったいじめ追跡調査の結果によると、小学4年生から6年生までの3年間を通じて、88.5%の児童が「仲間外れ・無視・陰口」の被害経験があったこと（＝3年間全然なかった児童が11.5%）、そして、78.6%の児童が「仲間外れ・無視・陰口」の加害経験があったこと（＝3年間全然なかった児童が11.5%）を報告しています。また、中学生の調査では、3年間を通じて68.8%の生徒が「仲間外れ・無視・陰口」の被害経験があったこと（＝全然なかった生徒が31.2%）、そして、65.8%の児童が「仲間外れ・無視・陰口」の加害経験があったこと（＝全然なかった生徒が34.2%）、を報告しています。この結果から多くの子どもが「仲間外れ・無視・陰口」のいじめに巻き込まれており、誰もが被害者や加害者になり得ることが示唆されます。

　心理学領域の研究において、「仲間はずれ・無視・陰口」という行為は、「関係性攻撃（relational aggression）」として概念化され、「意図的な操作や仲間関係にダメージを与えることによって、他者を傷つける行動」と定義されています（Crick & Grotpeter, 1995）。関係性攻撃は、叩く、蹴るなどといった身体的

攻撃と、悪口、おどしといった言語的攻撃を包括した顕在性攻撃（overt aggression）とは異なる形態の攻撃行動とされています。関口・濱口（2014）は、これまでの先行研究を概観した上で、関係性攻撃の具体的な行動を「A 噂の流布（例：仲間のよくない噂を自分から流す、仲間の秘密をこっそり他の人にばらす）」「B 陰口（例：仲間の悪口をその人のいないところで言う）」「C 操作（例：仲間に、自分がきらいな人と仲良くしないように言う）」「D 同調（例：仲間が誰かの悪口を言った時、一緒になって悪口を言う）」「E 社会的排除（例：きらいな人をグループに入れないようにする）」「F 無視（例：きらいな子を無視する）」の6つに整理しています。

わが国におけるいじめという言葉は、様々な態様をまとめて指す言葉であるにもかかわらず、ひとつの言葉にまとめられて語られてしまい、実態の把握や解決方法を論じる時に齟齬が生じてしまうことがあると考えられます。欧米では、いじめにかかわる個人要因のひとつである「攻撃性」を細分化して研究が行われており、その形態のひとつとして関係性攻撃に高い関心が寄せられています。わが国においても「仲間はずれ・無視・陰口」などの関係性攻撃的な行動がいじめの典型的な行為として使用されていることが多く報告されていることから（文部科学省, 2022）、関係性攻撃の視点からいじめを理解していくことは意義があると考えられ、2000年頃から多くの研究が行われるようになっています。

関係性攻撃の発達について見ていきます。関係性攻撃は幼児でも見られ、畠山・山崎（2002）は、幼稚園年長組に所属する幼児を対象に観察法によって検討した結果、特に女子において関係性攻撃が多く見られたことを報告しています。また、磯部・佐藤（2003）は、年中児（平均年齢5歳4カ月）と年長児（平均年齢6歳4カ月）を対象に教師評定によって関係性攻撃を査定した結果、幼児集団の中には関係性攻撃を頻繁に行う子どもがかなりの高い割合で存在していることを示しています。幼児における関係性攻撃は、大人からも容易に観察可能で、標的となる対象に対して直接的な形態で表出されることが多いとされます（例えば、友達をやめると脅す、仲間はずれ）。児童期（7〜12歳）では、行

動制御、社会的認知能力の発達に伴い、学年が高くなるにつれて、関係性攻撃は幼児期と比較してより間接的になり（標的となる相手がいない状況で行う噂の流布、陰口、操作、同調など）、目立ちにくい方法で現れます。この時期は、人間関係の中心が友人関係に移行することより友人関係の重要性が増し、より関係の維持に価値を置くようになるため、仲間や大人から容認されない身体的攻撃や言語的攻撃のような顕在的行動よりも、より目立ちにくい形態の関係性攻撃を用いるようになると言われます（Coyne & Ostrov, 2018）。

　関係性攻撃が中心のいじめの加害者の特徴について、金綱（2015）は、「問題を抱えている」と評価される一方で、「皆に人気があるリーダー的存在」と肯定的な評価がなされる傾向があり、加害者はある程度周囲の生徒を巻き込み、コントロールできるようなリーダー的素質、あるいは何かしらの力の資源をもっており、被害者自身に被害の責任を帰属させることによって自らを正当化しつつ周囲の子どもを自身の支援者とするような理由をもっていじめ行為を行う、と指摘しています。関係性攻撃を行う子どもには、仲間内でリーダーシップを発揮し、仲間をコントロールするための手段として関係性攻撃を行う者、あるいは、仲間からの同調圧力の結果として関係性攻撃を行う者など、多様な背景が想定され、心理社会的適応への影響も異なる可能性があるため、今後詳細な検討が必要とされています。

　関係性攻撃は、仲間内のヒエラルキーにおける高い地位を維持するため、他者が自分の地位の侵害を防ぐための方略として使用されることが示されています（Coyne & Ostrov, 2018）。この指摘は、わが国で研究が進められている「スクールカースト」の知見と一致します。スクールカーストとは、「生徒個人が所属するグループ間の力関係の差」と表現され、高地位のグループが低地位のグループの生徒に攻撃的に振る舞うことなどが明らかにされています（鈴木, 2012）。例えば、中学1〜3年生を対象にした水野・太田（2017）は、高地位グループに属する生徒ほど学校適応感が高く、その関連を成立させる要因として集団支配志向性という集団間格差を是認する態度がかかわることを示しています。また、水野・太田（2017）は、スクールカーストによって起こるいじめ

は、関係性攻撃のような目に見えにくいいじめであることを示唆しており、高地位にいるグループあるいは個人は、自分の地位を維持する手段として関係性攻撃を用いていると考えられています。

④ 仲間・友人関係に影響を与える
コミュニケーション・メディアの利用

　総務省（2023）による令和4年通信利用動向調査の結果によれば、子どもたちによるインターネットの利用率は13〜19歳で98.1％、6〜12歳においても85.1％であることが報告されています。また、インターネット利用者のうちSNS（Social Networking Service；Facebook, Twitter, LINE, mixi, Instagram, Skypeなどを指す）を利用したことのある人の割合は、6〜12歳で41.8％、13〜19歳で90.2％となっており、5年前の令和元年の同調査の結果と比較しても（6〜12歳で23.2％、13〜19歳で75.0％）、急激に増加していることがわかります。SNSの利用目的として、「従来からの知人とのコミュニケーションのため」の割合が最も高いことからも、SNSは児童期、青年期の子どもにとって重要なコミュニケーションツールであることは明確に言えます。
　一方、若者のネット依存（＝本章ではスマホ依存も含める）が、今日の社会問題のひとつとして位置づけられています。ネットへの依存と一口に言っても、その様態は様々であり、オンラインゲームや動画など、ネット上に溢れる多様なコンテンツの魅力にはまる場合もあれば、メールやSNSなどを介した他者との交流にのめり込む場合もあり、前者はコンテンツ依存と呼ばれ、後者はつながり依存と呼ばれています（土井, 2018）。土井（2018）は、一般にネット依存と言われると、コンテンツ依存を想定しがちであるが、ネットから若者たちが抜けられないのは、後者のつながり依存によるもので、特に中高生などの若年層においては、その傾向が著しい、と指摘しています。SNSでのコミュニケーションを理由にスマートフォンから離れられない場合には、自分だけが取り残される、返事をしないと嫌われるのではないかといった対人的な不安や、

承認欲求が根底にある、と考えられています（若本, 2021）。

　また、子どもたちのインターネット等を通じて行われる「ネットいじめ」や SNS 上のトラブルが、ネット社会の負の側面として問題視されています。文部科学省（2022）の調査によると、いじめの一態様としての「パソコンや携帯電話等で、ひぼう・中傷や嫌なことをされる」の認知報告件数は、確実に増加しており、低年齢化が進んでいると言えます。ネットいじめは、見えにくい、拡散されやすい、誹謗・中傷がエスカレートしやすいなどの特徴を有しており、子どもの自己肯定感を大きく損なうなど深刻な状況を招いています。特に、SNS 等によるいじめは、学校外の子ども同士のやり取りの中で行われるため、深刻な事態になるまで周りの大人が気づきにくいこともあり、その対応は、教育現場で大きな課題となっています。そうした中、予防的な対応の必要性が指摘されるようになり、情報モラル教育やメディア・リテラシー教育、ネットいじめ予防教育などが積極的に行われるようになっています。

　子どもたちの SNS 利用の専門的な研究は難しいとされ、その理由として、SNS アプリなどの流行の移り変わりが非常に早く、利用状況が瞬く間に変化してしまうことが挙げられています（若本, 2021）。SNS が子どもたちの「日常」になったことは、児童期・青年期における重要な他者である友人との交流様式が変化していることを意味し、この変化は子どもたちの発達に多大な影響を及ぼすと予測されるため、即時的な研究が求められています。

⑤　社会に出るための準備段階にいる大学生に対して

　仲間・友人関係は、それぞれの発達段階で重要な意味をもっていることを述べてきました。教育現場では、仲間・友人関係のトラブルから心理社会的不適応につながる事例も多々見られます。これから、子どもにかかわる対人援助職を目指す方は、発達段階に応じた仲間・友人関係の様相について十分理解することとともに、一人ひとりの子どもにとって必要な仲間・友人関係を形成することができるように支援していくことが重要と言えます。今日、わが国の教育

現場において、「多様性（= diversity）」という言葉がよく聞かれるようになってきました。日本の教育現場で多様性という言葉が使われるようになった背景には、外国にルーツをもつ子どもたち、自分の性に違和感を覚える性的マイノリティの子どもたち、また ASD（自閉症スペクトラム）、ADHD（注意欠陥・多動性障害）等をはじめとした発達障害の、あるいはその傾向があると捉えられる子どもたちの数が増大してきていることがあると言えるでしょう。このような子どもたちは、仲間・友人関係の形成においても支援が必要な子どもたちと考えられます。子どもの仲間・友人関係の支援においては、支援者自身の経験が大きく影響すると考えられます。多様性の理解が求められる時代において、対人援助職を目指す方は、ご自身の仲間・友人関係の経験を振り返るとともに、多様性の理解につなげるためにも多くの仲間、友人とのかかわりを大切にしていただきたいと思います。

　また、医療・教育・福祉等の対人援助職の視点から言えば、近年は多職種連携が重要視されています。多職種連携とは、「さまざまな専門職が、専門職独自の知識や技術を身につけ、クライエントの問題を多角的な視点からとらえ、チームとして共通の目標をもって課題解決に向けて連携すること」（岩滿, 2019）とされています。連携が必要な場面では、支援に有効と考えられるアイデアは、他の人と意見や考えが違っていても発言していくことが求められます。また、対人援助職だけに限らず、社会に出れば会社の同僚と仲間を形成し、問題解決したり、新商品を生み出していくために、異なる意見や考えを伝え合うことで新しいアイデアが生まれると言えるでしょう。

　集団の中で意見が求められるような場面で、皆さんは協調的に振る舞えるでしょうか。ここで言いたいのは、自分では協調的と考えていた振る舞いが同調的な振る舞いになっていないかということです。協調とは「①利害の対立する者同士がおだやかに相互間の問題を解決しようとすること。②性格や意見の異なった者同士が互いにゆずり合って調和をはかること。」と示されています（広辞苑第 7 版；新村, 2018）。つまり、協調は、相手に合わせて非主張的になること、同調することとは異なります。長所として協調性を挙げる学生も多いで

すが、実は同調の意味で相手と調和することができると考えている学生もいるかもしれません。先述した仲間集団の発達的変化の過程、ならびに、SNS社会の中を経験してきた大学生の中には、同調してしまう傾向が強く染みついている可能性もあります。しかし、これからの社会において、同調と協調の違いを理解し、場面や状況によってどちらが必要になるのか判断し実践していくことが必要と考えられます。

　社会に出るための準備段階である大学生活において、仲間、友人とのかかわりは、協調的かかわりを実践するための重要な機会になると考えられます。例えば、自他を大切にするアサーティブな表現を学び、実践してみてもよいかもしれません。とはいえ、同調にしても協調にしてもコミュニケーションのひとつの在り方であり、得意、不得意の個人差があります。同調と協調の違いは理解できても、協調の方を実践することが難しいと感じる人もいるでしょう。現在は、対人関係の能力に関係なく活躍できる職業はいろいろとあります。社会に出た時に自分は他者とどんなかかわりができそうかを知るためにも、また、社会に出た時に自分に合った社会生活を選択するためにも、仲間、友人との体験を通した自己理解を大事にしていただきたいと考えます。

■引用文献

千島雄太・村上達也　（2016）　友人関係における"キャラ"の受け止め方と心理的距離——中学生と大学生の比較　教育心理学研究, 64, 1-12.

Coyne,S.M., & Ostrov,J.M. Eds. （2018）　*The Development of Relational Aggression.* New York: Oxford University Press.

Crick, N. R., & Grotpeter, J. K. （1995）　Relational aggression, gender, and social‐psychological adjustment. *Child development*, 66, 710-722.

土井隆義　（2009）　キャラ化する／される子どもたち——排除型社会における新たな人間像　岩波書店.

土井隆義　（2018）　流動化する社会関係, 固着化する仲間集団——若者のネット依存をめぐる虚と実　日本情報教育学会誌, 1, 15-22.

藤田文　（2021）　子どもの仲間関係に関する研究動向と展望　大分県立芸術文化短期大学研究紀要, 58, 121-130.

畠山美穂・山崎晃　（2002）　自由遊び場面における幼児の攻撃行動の観察研究：攻撃のタ

イプと性・仲間グループ内地位との関連　発達心理学研究，13, 252-260.

本田真大　（2018）　幼児期の発達　濱口佳和編　教育心理学　ミネルヴァ書房　pp.43-52.

保坂亨　（2010）　いま，思春期を問い直す　グレーゾーンにたつ子どもたち　東京大学出版会.

保坂亨・岡村達也　（1986）　キャンパス・エンカウンター・グループの発達的治療的意義の検討　心理臨床学研究，4（1），17-26.

飯島典子　（2018）　遊びの発達　本郷一夫編　発達心理学　遠見書房　pp.106-118.

石本雄真・久川真帆・齊藤誠・上長然・則定百合子・日潟淳子・森口竜平　（2009）　青年期女子の友人関係スタイルと心理的適応および学校適応との関連　発達心理学研究，20, 125-133.

磯部美良・佐藤正二　（2003）　幼児の関係性攻撃と社会的スキル　教育心理学研究，51, 13-21.

岩満優美　（2019）　コーディネーション　下山晴彦・伊藤絵美・黒田美保・鈴木伸一・松田修編　公認心理師技法ガイド―臨床の場で役立つ実践のすべて　文光堂　pp.39-42.

金綱知征　（2015）　日英比較研究からみた日本のいじめの諸特徴：被害者への否定的感情と友人集団の構造に注目して　エモーション・スタディーズ　1, 17-22.

国立教育政策研究所生徒指導・進路指導研究センター　（2017）　「いじめ追跡調査 2013-2015 いじめQ＆A」.

松本恵美　（2016）　児童期と青年期における友人関係研究の概観と展望　東北大学大学院教育学研究科研究年報，65（1），135-145.

水野君平・太田正義　（2017）　中学生のスクールカーストと学校適応の関連　教育心理学研究，65, 501-511.

文部科学省　（2022）　令和3年度児童生徒の問題行動・不登校等生徒指導上の諸課題に関する調査.

難波久美子　（2005）　青年にとって仲間とは何か――対人関係における位置づけと友だち・親友との比較から　発達心理学研究，16, 276-285.

落合良行・佐藤有耕　（1996）　青年期における友達とのつきあい方の発達的変化　教育心理学研究，44, 55-65.

岡田努　（2010）　青年期の友人関係と自己――現代青年の友人認知と自己の発達　世界思想社.

大内晶子・長尾仁美・櫻井茂男　（2008）　幼児の自己制御機能尺度の検討――社会的スキル・問題行動との関係を中心に　教育心理学研究，56, 414425.

Parten, B. M.　（1932）　Social Participation among preschool children. *Journal of Abnormal and. Social Psychology*, 27, 243-269.

関口雄一・濱口佳和　（2014）　多次元性関係性攻撃尺度（高校生用）の作成　筑波大学心理学研究，47, 55-63.

瀬沼文彰　（2007）　キャラ論　STUDIO CELLO.

新村出編　（2018）　広辞苑第 7 版　岩波書店.

総務省　（2023）　令和 4 年通信利用動向調査の結果.

鈴木翔　（2012）　教室内カースト　光文社.

田中あかり　（2009）　母親の情動表現スタイルが幼児の気質に及ぼす影響　発達心理学研究，20，362-372.

塚原拓馬　（2011）　幼児童期および学童期における発達的問題と心理教育的対応：社会性の発達の視点から紀要，34，131-142.

氏家達夫　（2000）　親子関係は友達づくりの基礎　児童心理　金子書房　pp.20-28.

若本純子　（2021）　子どもたちはなぜ SNS にハマるのか－2010 年代の SNS 利用とトラブルの動向　教育実践学研究，26，19-31.

Chapter 4

地域社会と子ども

1 現代社会とそこで生きる人間の社会病理 (問題)

　子どもの問題行動は、病める社会の反射鏡と言っても過言ではありません。いろいろな社会の歪みが一番弱い部分に集中的に現れてきます。子どもが非行に走るのを防ぎ、真っ直ぐに育てるためには、家族の在り方や子育て全般にわたっての支援が必要になります。子どもが健全に幸せに育っていくためには、今何が求められ、そして大人は子どもに何ができるのでしょうか。この章で考えてみましょう。

1 子どもの成育環境の変化

　(1)　**豊かな社会がもたらしたもの**　日本は、今日まで世界で指折りの豊かで自由で、平等で、平和な国と言われてきました。物が豊富になり、日常生活が便利になり、昔に比べて生活しやすい時代と言えます。しかし、その反面、経済成長や国際競争の強化とともに、学歴主義や偏差値教育といった風潮が強まり、お金や学歴、肩書きといった形あるもので人や幸せを評価する時代となりました。情や思いやり、愛といった本来大切にしなければならないことが、いつの間にか消えかけ、社会がしなやかさを失い、人の心が貧しくなってきたように思います。

　文明の進歩は、豊かさと便利な生活をもたらしましたが、それとともに、人の心に変化を投げかけています。社会が忙しくなった分、人の日常生活が変

わってきました。家族という絆の変化、家庭の養育機能の低下、いじめ、不登校、虐待、非行、家庭内暴力、地域の人間関係の希薄化など、貧しかった時代にはあまり見られなかった現象でもあります。豊かさは、便利さを運んできましたが、人が人として育つ上で大切なことを育む、人と時間、場所を薄くしてしまったように思えてなりません。特にその影響は、敏感で弱い子どもに顕著に現れています。本当の意味での社会の豊かさに向かうために、今現代社会は、多くの困難な問題が投げかけられていると言ってよいでしょう。

(2) **コミュニティ機能の崩壊**　　かつて地域は、世代を超えて、人と人とが触れ合う機会の場であり、大人も子どもも悩みを吐露したり、アドバイスを受けるなど地域に生活する人たちとの触れ合いを通して、生活や子育ての工夫や知恵が伝承され、温もりのある場所でもありました。また、地域の人たちが、よその家の子どもたちを育て、守るという営みが行われ、子どもが安心して育つ環境が地域の中に置かれていました。そこには、子どもを見守る温かな眼差しがあったように思われます。しかし、時代の流れとともに、地域社会のありようは劇的に変化し家庭や地域の共同性が解体して、かつてのコミュニティ機能が薄くなってきました。この機能の低下は、子どもの躾や教育・非行など子どもの育ちに大きな影響をもたらすもとになりました。子どもの健全な育ちを考える時、その鍵を握るのが、"地域"であることが、今改めて見直され始めています。

(3) **家族機能と家庭環境の変化**　　日本が高度経済成長路線をひた走り、都市化が急速に進むにつれ、核家族化が進みました。それに伴い、家族単位の力が徐々に弱まり、もろくなってきています。急速な豊かさは、利便性や合理性を追い求めるようになり、家族のかかわりにも大きな変化が生じ、子育てや介護などの家族機能は、次第に薄くなってきました。これは、子どもの生活能力の形成にも大きな影響を与えています。少子化が進み、子どもが少なくなってきただけ家族の絆が強くなるかというと、そうではなく、家族一人ひとりがバラバラになってきているように思います。それには様々な理由が挙げられますが、そのひとつに、社会が忙しくなり社会状況が、家族に緊張を強いる要因が

多いということです。親は、社会人としてストレスを受ける生活を強いられ、子どもは、学校で精神的に追い込まれる状況が増えてきています。その状況が、親子の葛藤を生み出すという悪循環をもたらしています。

　昔は、貧しくともどんな時でも家族が一緒で、家族が協力しなければ生きていけない時代でもありました。たとえ粗食であっても、家族が全員揃って食卓を囲む団欒がありました。この団欒こそが、子どもの心づくりや、コミュニケーション能力を育む場所であり、家族の絆を深める場所でもありました。現代は、それぞれが忙しくなり子どもの孤食という現象を生み出しました。家庭は本来、子どもにとって安全な場所であり、しっかりと受けとめ守り、支えてくれる役割をもっていましたが、今、家庭が家庭として機能しなくなった家が多くなっています。家庭や学校に居場所をなくした子どもは、居場所を求めて漂流を始め、やがてある子どもは反社会的問題行動へと向かうことになります。

2　非行のメカニズムを読み解く——非行の心理臨床

　(1)　**非行の定義**　　少年法は、20歳未満で刑罰法令に違反した・違反する可能性のある行為を行った子どもを「非行少年」として、刑事司法において特別な取り扱いをするための手段を定めた法律です。2022年4月の民法の成年年齢の引き下げにより、成年年齢が20歳から18歳に変わりました。これにより18、19歳の者は社会に参加することが期待される立場となりましたが、成長途上にあり更生への可塑性が期待されることから「特定少年」とされ少年法の適用対象とされています。少年法第3条は、「犯罪少年・触法少年・虞犯少年を“非行のある少年”」と定め、これらの少年に対して、特別の扱いをすることを定めています。非行とは20歳未満の少年が刑法に触れる行為をした場合で、14歳以上20歳未満の罪を犯した少年を「犯罪少年」、14歳未満で刑罰法令に触れる行為をした少年を「触法少年」、刑罰法令に該当しないけれども一定の事由があって、将来、罪を犯し、または刑罰法令に触れる行為をするおそれのある20歳未満の少年を「虞犯少年」としています。

　(2)　**非行の三要因**　　少年非行の原因については、昔から多くの学者が研究

し、多くの学説を提出しています。藤川（2005）は、家庭裁判所調査官としての現場経験から、非行の要因として、生物的要因（脳の構造的異常等）、心理的要因、社会的要因の3つに大別することができると述べています。また、精神科医であり、矯正の現場で子どもたちと向き合っている岡田（2005a）は、非行の成因について、人格の形成などと同様にnature（生まれ）かnurture（育ち）か、つまり、素質的要因か環境的要因かをめぐる議論がなされてきたと報告し、双生児を対象にした研究結果を通して、「非行には、成因や経過、予後の異なるタイプが存在し、そのタイプによって変動はあるが、素質的要因か環境的要因かの一方ではなく、両者がからまり合って非行が生みだされている」と述べています。そして、ただ、社会全体として見た場合、子どもの素質的要因が、10年程度の時間単位で急激に変化するとは考えられないため、凶悪な非行が増える事態は、環境的要因の変化を示していると指摘しています。

　論者によって、どの要因にウエイトがかかっているかの差異はあるものの、これらの要因が重なり合って人間の行動が決定されていると言ってよいでしょう。少年非行の原因は、少年ごとに千差万別であり、本人の資質や家庭、地域、社会、経済の状況など様々な問題が絡み合っていることを鑑み、子ども一人ひとりの行為だけを見るのではなく、様々な角度から少年の置かれている環境を見つめながら原因を探っていく試みが必要になります。

　⑶　**少年非行と家族**　　矯正施設（少年院）や更生施設で非行を犯した子どもたちと向き合う時、どの子にも共通して感じることがあります。親との問題を抱えているということです。子どもの多くは、成長過程において親や養育者から愛情をかけられることが薄く、自尊感情がもてずに自己評価が低く、「自分は生まれてこなければよかった」という悲しい性を引きずりながら生きてきた子どもでもあります。愛されること、信頼されることまた信頼すること、甘えることさえも知らずに、愛情をかけられることがないままに育ってきました。非行に走る子どもたちは、素直に生きづらさの声を張りあげている代表的な存在でもあります。

　子どもが豊かに育つためには、まず、安全感と安心感のある家庭が必要で

す。親から無条件で愛されることで、信頼感を得、自分を大切にする心を育み、その心が他人への思いやりや痛みのわかる心を育みます。

非行は、時代を映す鏡と言っても過言ではありません。子どもの問題の特徴は、子ども自身の問題よりも、家庭をはじめ、周囲の環境の問題が強く反映されます。

福島（1985）は、「バート、グリュック、サザーランドらの古典的な非行理論では、家族の問題というと欠損家庭・解体家庭・貧困家庭といった特殊な家族の病理性が強調されてきたが、現代は、両親が揃っていて、一見問題のない普通の家の子どもが非行に走る傾向が見られる」と指摘しています。

岡田（2005a）は、幼い子どもでは、環境的な影響を強く受けやすいとし、「精神的な症状を出してくる時、そこには、しばしば家庭の問題が反映されている。不可解な振る舞いの根底に、傷ついた思いや満たされなかった願望が見出される」と報告しています。

幼い頃に十分な愛情と安心をもらえずに育った子どもは、生涯もらえなかったものを追い求めて過ごすことになります。親に愛されたい、存在を認めてもらいたいという思いが届かなければ、承認を求める気持ちが、復讐心や怒りとなって爆発しそれが非行という悲しいアピールに走ってしまいます。

ある少年院の教官が、「私たちが、子どもたちに、どんなに愛情をかけても、彼らの親にはかなわない。どんな親であっても、子どもは親を慕う心がある。親の愛情を求めています」と話してくれたことがあります。愛される場をもたず、親や家族からも愛情をもらえなかった子どもたち、それでも彼らは、心の奥で親を慕い求めています。そんな子どもの心を親が理解し、できる範囲で愛情をそそぎ、手を差し伸べることで、子どもは、問題行動から立ち直るきっかけを作ることができるようになります。

(4) **非行と虐待**　子どもをめぐる問題として、虐待の問題があります。虐待の研究が進むにつれ、虐待と非行は、実は密接な関係があることが明らかになってきました。

非行少年の中には、過去や現在において、親から暴力を振るわれたり、子ど

も時代に食事や身のまわりの世話を十分にされずに育つという虐待経験をもつ子どもが多く存在します。虐待が子どもに対して与える影響は、子どもの情緒や心理的だけでなく行動面や人間関係の面にも及びます。年齢が高くなるにつれて、虐待の影響が問題行動となって表れることが少なくありません。虐待研究が進む中で、トラウマや解離などの現象が次第に解明され、それが非行との関連で論じられるようになりました。

橋本（2004）によると、幼い頃の忌まわしい出来事を、記憶から抹消しようとする「解離性健忘」は、そのひとつでもあり、虐待という外からの刺激があまりにも強烈すぎて、子どもの精神作用が追いつかずに自己防衛の手段として解離や健忘といった症状が現れると述べています。虐待が成長過程で続けられると、ある程度の年齢になると、子どもの中には、その環境から抜け出そうと行動を起こすようになります。これが家出です。これが常習化すると、同じような境遇の子どもたちが社会の中に漂流しており、やがてグループができ問題行動へと繋がっていきます。

虐待と非行のメカニズムとして橋本は、非行タイプを虐待回避型非行・暴力粗暴型非行・薬物依存型非行・性的逸脱型非行の4つに分類することができると説明しています。それによると、①虐待回避型非行は、虐待を避けるための行動として家出や盗みといった行為を起こすことを示します。②暴力粗暴型非行は、身体的虐待を受けて育ったことによる、器物損壊、傷害など暴力を伴う粗暴な行為を示します。③薬物依存型非行は、薬物使用など薬物に関する行為を示します。④性的逸脱型非行は、性的虐待において、精神的な苦痛を強いられ、それが原因で性に対する歪んだ認識をもつことによる売春や性的逸脱行為などを示します。虐待から非行への移行を考える際、非行が起きると養育者のさらなる虐待を招き、それが非行をより促進させ時間と共に被害者が加害者となり加害者が被害者となる悪循環を招き、さらなる大きな非行に結びついていきます（橋本, 2004）。虐待を受けた子どもが、すべて非行に走るわけではありませんが、虐待が子どもに与える影響は大きいということは否めません。

(5) **発達障害と非行**　1997年に発生した「神戸連続児童殺傷事件」を境に、

ADHDやアスペルガー症候群などの言葉が広く知られるようになりました。ここで注意しなければならないことがあります。発達障害は、犯罪や非行の直接的な原因ではないということです。その理由として浜井・村井（2010）は、発達障害の基本的な障害特性が、人を陥れようとする悪意や嘘とは無縁であるからだとしています。しかし、発達障害者が重大事件を起こした場合、事件と障害が全く無関係であるかと言えばそうではないとし、非行は発達障害を基底とする二次障害の症状のひとつであると述べています。また、浜井・村井（2010）は、発達障害の障害特性である強いこだわりや頑固さ、コミュニケーションの不自然さを、周囲が悪意にとってしまい、叱責することを繰り返したりすると、本人の被害感が強くなり、社会的に不適応な状態が作られ、非行につながると指摘しています。反社会的行動には障害とともに生きる上での生きづらさを抱えていることが多く見られます。非行と同じく行為だけを見るのではなく、その内側を探ることが非常に重要になります。渕上（2010）は、発達障害と非行との関係について実証的心理学の立場から計量的な分析を行っています。アナログ研究と言われる手法を用いての分析結果として、小学生時の反抗挑戦性障害傾向が強いほど、家族からの暴力や放任、愛情不足といった不適切な養育経験を有しており、不適切な養育経験が、非行化傾向を高める因果連鎖があることを報告しています。

　発達障害のある子どもたちは、周囲からの理解が得られにくく、生きづらさ、自己有能感を育てられずストレスを溜め込んでいる例が多くあります。山岡（2010）は、「発達障害のある子どもを早期に発見し、個々の特性に合わせて適切な支援を行い、社会生活能力や自己有能感を育てるなど、支援体制を整備していくことで、かなりの非行を防ぐことができる」と述べています。

　(6)　**非行は子どものSOS**　　まじめで教養もあり、経済的にも中流以上の家庭の子どもが、社会に適応できずに事件を起こすケースが、最近、とても増えています。

　子どもの問題行動は、病める社会の反射鏡と言っても過言ではありません。その時代のひずみや、社会の様々な矛盾が、非行という形で現れています。

人間は、愛情も無く不安定な、苦しい状態にいつまでも耐えることはできません。ある子は、心身の病に、また、ある子は自傷行為に走るなどの様態を見せるようになります。子どもの非行や、事件、ひきこもり、不登校など様々な問題行動は、悲惨な環境に置かれている子どもたちの無意識の親や社会に対する警告でもあります。

　事件を起こす子どもは、起こす前に、何らかのシグナルを発しています。しかし、大人自身が、自分が生きることで精一杯であったり、自分自身が誰かに助けを求めている時などは、自分の心ばかりか、子どもの心も見落としてしまいます。子どものSOSを早くしっかりと受けとめてくれる人、胸のうちをしっかり向き合って聞いてくれる人が、誰か子どもの傍にいることがとても大切になります。子どもの行動の裏には、理不尽な環境への精一杯の抗議が隠されています。これをSOSとして正面から受けとめ、正しい解決方法を見出すことこそ、大人に問われていることでもあります。

　子どもは、その時その時に、自分の年齢で考えられることを、自分なりに一生懸命考えています。その声を、子どもの一番近くにいる者が、しっかり聞き取ろうとする姿勢がなければ、子どもの問題行動はこれからも増え続けるでしょう。

2　子どもの成育をめぐる地域社会と ソーシャル・キャピタルとの関係

1　子どもの社会力の育成

　最近の子どもの中には、挨拶や、マナーが身についていない子どもが多く存在することに気づきます。これは、幼い頃、どのように躾けられてきたかという子どもの育ちがとても影響しているように思います。子どもは、やがて成長し社会の一員となり、人の子の親になります。子どもの頃学んだ知識や躾は、そのまま大人となり次の世代に受け継がれていくだけに、子どもの育ちは、社会をも大きく変える影響があると言ってよいでしょう。より良い社会にする為

には、幼い頃からの人が人となるべき教育が必要になります。門脇（1999）は、社会学で言う「社会化」という概念ではなく、「社会力」という新しい概念を展開し、子どもの社会力の育成の必要性を指摘しています。そして、「社会力」とは、"人が人とつながり、社会をつくる力"とし、「様々な人との良い関係を維持しながら、自分が学んだ知識や技術などを生活している様々な場所で進んで発揮することができる能力である」と述べています。子どもにはその資質と能力を育てることが必要とされます。門脇はそのためには、他者との相互行為が大事であり、子どもにかかわる大人は、子どもときちんと向き合い、子どもが仕掛けてくる様々な行為にしっかりと応答し続けることが重要だと指摘しています。社会力の育成には、生きる姿勢や生活態度に大人が責任をもつ覚悟が必要になります。

2　家庭・学校・地域の連携

　近年、家庭や地域における養育能力の低下など、子どもを取り巻く環境は大きく変化し、児童虐待の増加、学校現場におけるいじめ、学級崩壊、重大な少年事件の発生など、子どもの問題が一層深刻化しており、社会的支援を必要とする子どもの範囲が拡大し、かつ複雑多様化する傾向にあります。

　かつて日本社会は、家庭や地域社会共同体での日常生活自体が子どもの豊かな成長を促す教育訓練の場であり、地域ぐるみで地域の子どもを育てる環境がありました。隣近所同士が頼り合い、支え合う関係の中で、そこで生活する大人が先生であり多くの事を教えてもらったものです。そこには、子どもが子ども時代を安心して過ごせる人と場所がありました。近年、都市化が進み核家族が増え住民が集う機会が減少し地域関係の希薄化を招きました。これは、子どもにとって、親以外の他者とかかわる経験が得にくくなることにつながります。子どもの育ちは、家庭を基盤としながら成長に応じた子どもたち同士のかかわりや、世代を超えた人たちとの交流を通して培われていきます。地域の中には、学校と家庭が置かれ、子どもにとって全生活領域でもあります。子どもの教育というと、学校と家庭がよく連想されますが、実は地域も子どもの教育

にとって欠かすことができない大切な力となっています。様々な人たちとの出会いにより多様な価値観に触れ、他者を尊重する心や共に生きていく姿勢が身につきます。そして地域に愛着をもつ中心世代を育んでいくことにもつながります。

　家庭の子育て力や学校の教育力を回復させるためには、地域の支えを高めることが重要になります。家庭・学校・地域は、人と人との出会いを通しより良い生き方を学ぶ教育の場であり、実践していく場でもあります。それぞれが、その役割を自覚的に担う工夫と努力が必要不可欠です。学校は、家庭や地域において開かれた場所とし、地域の大人が学校で子どもとかかわり、子どもと地域社会をつなぐことで、世の中を学ぶ場を設ける必要があります。家庭は、愛情と信頼の中で、親子を通して生活習慣や人間関係づくりを学ぶ場であり、地域は、支え合い子どもの育ちをつなげていく場所であることが重要になります。子どもが健全に育ち、一人ひとりの人間が大切にされるには、家庭・学校・地域の連携・協働が必要になります。

　最近では、各都道府県の市町村などで、学校と地域の連携や町ぐるみで子どもを守る、育てるという試みが始められています。ある県では、住民の方に「出張先生」として授業をしてもらうという活動が進められ、家庭・学校・地域の連携を必要とする「町ぐるみ共有」という三位一体教育の実現に向かって動き出しています。ここでは、大人も子どもも一緒に育んでいこうと、地域に住む一人ひとりの活動まで広げることを目的とし、大人たちの活動の輪の中に、子どもたちを取り込みながら共に成長し歩みを進める取り組みが行われています。子どもの居場所となり得る場所を増やすことで、子どもの問題行動に向かうことを抑制する要素となり得ると考えられます。

③　心の居場所の大切さ

1　子どもの成長・発達権の保障
　子どもの権利条約（児童の権利に関する条約）は、世界中のすべての子どもが

健やかに成長できるようにとの願いを込め国際連合の総会で1989年11月に採択されました。日本は1994年に批准されています（永井, 1990）。54条からなる条約では、「児童の最善の利益」の尊重を中心に、子どもの市民的自由や、権利を行使する主体としての位置づけを明確に規定しています。成長過程において、ひとりの人間として十分に尊厳と成長発達する権利を保障されずに育った子どもは、非行などの問題行動に走ったり、心身の病や成長して犯罪を起こすことにつながります。人間として尊重されて育った子どもは、自分を大切にするようになり、他者の存在に対しても尊重することができるようになります。子どもと接する大人たちは、幼い頃から子どもをひとりの人格として尊重する姿勢をもつこと、バランスのとれた成長発達が保障されることが重要と言えます。

2 「心の居場所」の構築

　高度経済成長期以降、家庭を取り巻く社会環境は大きく変わり家族の生活形態も多様化し、本来家がもっていた様々な機能を低下させました。家は、古くからもっていた不可侵性を失い、家族のための避難所ではなくなってきています。また、都市化による居住空間の変化に伴い地域には、原っぱや公園が減少し子どもが遊べる自由な空間がなくなりました。こうした中で、家庭、学校そして社会でも自分の居場所がないように感じている子どもが増えています。この依存対象のなさは、孤独感の強さに表れます。居場所や受け皿をもてなかった中で、ある子どもは、漂流し自滅的な暴力や問題行動を起こし非行という形で表し、内にこもる子どもは、心身の病という形で表します。子どもの健全な育成には、家庭、学校、地域に子どもの居場所を作り、子どもたちの成長を支える大人の努力が必要です。

　特にやがて親になる子どもたちが、本当の家庭・家族というものの存在の大切さを誤って知ることがないように、心の教育の場である家庭・家族という居場所を、よりよく機能させることが不可欠になっています。

　物質的に豊かになった今、それに支えられている人間がそれを失った時、生

き続けるために必要なものは、強い精神と、希望、愛する心そして何よりも愛してもらえる人やどんな時でも自分をしっかり受けとめてくれる人がいる場所ではないかと思います。「家というのは心のある場所」という古いことわざを思い出します。形だけの家族や人間関係ではなく、互いに理解し合い、互いの幸せを考え、どんな時も手をつないで支え合っていける場所が"家"であり、それが「心のある場所」ではないでしょうか（春日, 2004）。

今、子どもにとって大切なことは、安心して心の闇を、自分から素直に語られる場所や人が重要になります。生きづらくなった社会の中で、子どもの問題行動をなくし、伸び伸びと子ども時代を過ごすには、身構えることなく安心してそこにいることができる心の居場所を作ってあげることが大切になります。心の渇きが満たされれば子どもは輝きます。

④ 立ち直りの方策

1 少年非行からの更正の方策（治療教育）

非行は、他人を傷つけたり他人の財産を損なったりすると同時に、非行を犯した当人自身も社会的制裁を受け、ある期間自由を失い、罪の償いをしなければなりません。非行は、他人を傷つけると同時に、自分をも傷つける行為でもあります。少年事件の場合は、行った行為に対する責任としての罰を科すという成人の刑事司法と異なって、犯罪を犯した少年の健全育成（少年法第1条）を期すことが目的とされます。どうしたら再び犯罪を犯さないですむのか、どうしたら更正して自律できるか、そのためにどういう処分が必要なのかを考えて手続きが進み、処分が決まります。

家庭裁判所の審判によって、再犯のおそれがあり、処分が必要と判断された場合は、「保護処分」となります。保護処分（少年法第24条第1項）には、保護観察、児童自立支援施設（旧教護院）または児童養護施設送致、少年院送致の3つがあります（澤登, 1999）。

児童自立支援施設と児童養護施設は、児童福祉法に基づく厚生労働省の管轄

の福祉施設で、少年院は、法務省の管轄の矯正施設です。少年院は、非行少年に社会生活に適応させるための矯正教育を行う施設で、少年それぞれの問題性や教育の必要性に応じて治療や、教育のプログラムが実施されています。児童自立支援施設と児童養護施設は、少年院より家庭的な雰囲気で教育・保護する施設になります。特に児童自立支援施設は、「不良行為をなし、又はなすおそれのある児童及び家庭環境その他の環境上の理由により生活指導等を要する児童を入所させ、又は保護者の下から通わせて、個々の児童の状況に応じて必要な指導を行い、その自立を支援し、あわせて退所した者について相談その他の援助を行うことを目的とする」（児童福祉法第44条）更生施設で、少年院とは異なり開放処遇と、「小舎夫婦制」が特徴とされています。この小舎夫婦制は、職員夫婦が、10人から12人の子どもたちと起居を共に（擬似家庭）しながら温かい家庭的な環境の中で、人間対人間の接触を通して子どもの心の解放、成長を育んできました。家庭の温もりを知らない子どもにとってこの形態は、子どもの育て直しの場として有効に機能することが期待されています。

　子どもたちの多くは、温かい愛情に恵まれずに、放置、遺棄され、あるいは過剰に干渉を受けるなどのため、人格の基礎である情緒や自我の正常な発達を欠いた子どもたちです。子どもたちが、更生していくためには、まず自分の犯した罪を認識し、被害者の怒りや悲しみを理解しなければなりません。そのためには、これまでの生育過程で受けてきた傷を癒し、人間としての尊厳を回復させ、希望を取り戻し、時間をかけてでも自分と向き合い自分の犯した痛みを取り戻すことが必要になります。

　大人は、子どもの問題行動に眉をひそめるのではなく、何より肝心なことは、彼らがなぜそのような行為に訴えたかを吟味し、子どもたちの心の暗闇からの声に耳を傾け、再び同じ過ちを犯さないように手を差し伸べることこそが鍵となります。安心して、子どもが、自分の心の暗闇を、自分から素直に語られる人や場所が重要になります。

　少年による重大犯罪が起こるたびごとに、家庭・学校・地域社会を含む大人全体の責任の重さを強調し、少年の保護に全力をあげるべきだとする意見と、

たとえ少年であっても重大事件については、厳重に処罰しなければ社会の秩序が維持できないとする意見とが、現在も厳しく対立しています。厳罰化は、果たして犯罪を防止できるのでしょうか。次の世代を担う青少年に対して、どのような政策が必要か、特に非行少年の取り扱いについて、しっかりとした考え方が私たち国民の間に共有されていることが今強く求められています。

2 子どもを非行に走らせないために

重大事件を犯した少年について、犯罪の時点から過去を振り返れば、多くの少年たちは、様々な形で彼らなりに一生懸命助けを求める信号を発していたことがわかります。少年犯罪は、社会の反射鏡と言われるように、いつの時代でも子どもたちからの信号であり、大人社会への警告でもあります。

イギリスの児童精神科医ウイニコット（Winnicott, 1965）は、逆説的な言い方で、「反社会的性向は、簡潔に述べると、不幸で希望がなくそして悪気のないはずの母性剥奪をこうむった子どものなかにあらわれる将来の希望をあらわしている。したがって、子どものなかに反社会的性向の兆しがあらわれることは、その子どものなかにある種の将来への希望が生じてきたということを意味するのである。これはひとつの裂け目を埋める道があるかもしれないという希望なのである。この裂け目というのは、環境からの供給の連続が中断されたことによって生じるものだが、これは相対的依存の時期に体験されたものである」と述べています。

岡田（2005b）は、「反社会的な行動によってしか、自己承認欲求を満たし、将来に希望を見出せないとすれば、子どもたちが現実の中で希望を失っていることを意味する。今必要なことは、子どもたちに本当の希望を取り戻させることである」と説明しています。その希望が偽りの希望だと子ども自身が気づき、自分の意志によって捨て去らない限り、本当の更生と成長はありません。そのためには、子ども自身がそれを見つけ出せる力を育ませることが必要になります。大人は子どもを理解し、受容し、勇気づけながら立ち直りへの欲求を目覚めさせ、子どもが本来もっている限りない可能性を損なわないように見守

ることが重要になります。

　国連（1990）は、非行防止のためのガイドライン（リヤド・ガイドライン）で、子どもたちの非行をどうすれば防ぐことができるかについて、「少年非行の防止のためには、幼少期からその人格を尊重及び促進しながら社会全体が努力する必要がある」とし、犯罪の予防の第一は、幼少の頃より人格を尊重されて育つことであると明確に述べています。

　人は生まれながらにして犯罪者はいません。成長し、生きる歩みを進めていく過程で伸びるか、歪んで道を踏み外すか、何らかの誘因によって人の心も変わるように思われます。道に迷いそうになった時、誰かが声をかけ、耳を傾けてくれたならば、道を外さずに助かった子どもも多く存在するのも現実です。こういった現実から社会も大人も目をそらせてはなりません。子どもの存在を認め、共に歩みをすすめることが大切に思います（春日, 2004）。

　そして、何よりも子どもの傍にいる大人が、自分の人生に諦めではなく希望をもち、いくつになっても自分なりの歩みを進め、自信をもって子どもの前に凛と立ち続けることが重要になります。人が孤立し、自分を守ることが精一杯で、他人の幸せを祈る余裕もない今、その皺寄せは、純粋で心優しい者や弱い子ども、お年寄りに向けられています。一人ひとりが、ひとりの人間として大切にされて生きられる社会へといかに変えていくかを真剣に考え、大人自身が正していく視点が、今最も求められていると言えます。

■参考・引用文献

渕上康幸　（2010）　第4章非行と発達障害の関係　浜井浩一・村井敏邦編著　発達障害と司法　現代人文社.

藤川洋子　（2005）　少年犯罪の深層　ちくま新書.

福島章　（1985）　非行犯罪入門　中公新書.

橋本和明　（2004）　虐待と非行臨床　創元社.

浜井浩一・村井敏邦編　（2010）　発達障害と司法　現代人文社.

春日美奈子　（2004）　愛をください　北星堂書店.

門脇厚司　（1999）　子どもの社会力　岩波新書.

永井憲一　（1990）　解説子どもの権利条約　日本評論社.

岡田尊司　（2005a）　子どもの心の病を知る　ＰＨＰ新書.

岡田尊司　（2005b）　悲しみの子どもたち　集英社新書.

澤登俊雄　（1999）　少年法　中公新書.

Winnicott,D.W.　（1965）　*The Maturational Processes and the Facilitating Environment.*　The Hogarth Press Ltd.,London.（牛島定信訳　（1977）　情緒発達の精神分析理論　岩崎学術出版社）.

山岡修　（2010）　発達障害者支援法ハンドブック　河出書房新社.

Chapter 5

文化と子ども

1 子どもが育つ環境

　子どもの発達を考える時、「遺伝的要因」、「環境要因」の影響だけではなく「社会・文化的要因」が考慮されなければなりません。人間の行動原理を検証する際に比較文化的な視点が心理学の研究に取り入れられるようになるのは容易なことではありませんでした。文化的環境によりどのように子どもの発達が促されるかという視点をもつことはなぜ大切なのかをこの章では説いていきたいと思います。

1　人間発達の生態学

　子どもを取り巻く複雑な環境の構造をブロンフェンブレンナーは生態学的に捉え、マイクロシステム、メゾシステム、エクソシステムの層に表し、さらにはこれらの内部に一貫性を与えるマクロシステムが存在すると論じました。簡単に説明をしますと、マイクロシステムとは家庭、保育園、遊び場などで子どもが経験する活動、役割、対人関係です。メゾシステムとは家庭と学校と近所の遊び仲間との間にある相互関係であり、エクソシステムとは両親の職場、兄姉の通っている学級、両親の友人ネットワーク、地域の教育委員会の活動などです。さらにマクロシステムとは下位文化や文化全体のレベルで存在している一貫性およびその背景にある信念体系やイデオロギーです。この生態学的システムは、入れ子構造のようになっており、人の発達に影響するものです（ブロ

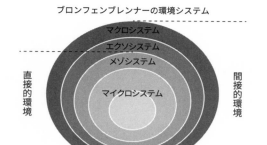

図 5-1　個体の発達と環境システム（柏木他，2005 より作成）

ンフェンブレンナー，1996)。

　上記のブロンフェンブレンナーのシステム理論について、コール（2002）はより包括的な文脈（コンテクスト）の水準は下位の水準を含むけれども、たとえば「授業」が成立するには、生徒たちが「授業づくり」の過程に積極的に参加する必要があると述べました。また、教師が学校の慣習の解釈の仕方を大きく変えること、地域社会は教育委員会の選択に参加するなど、文化的文脈の生成は双方向の過程で達成される活動であると指摘しています。

　文化と個人の関係をどう捉えるかについてはいくつかの異なる見解があります。文化と個人は別々に存在し、相互に独立したものとして捉えるもの、文化と心理的プロセスの相互構成過程に着目するものがありますが、ロゴフ（2006）は「人間は、自らの属するコミュニティの社会文化的活動への参加のしかたの変容を通して発達します。そしてそのコミュニティもまた変化するのです」と述べています。

　もし、個人を文化から切り離された存在として扱うのであれば、文化的文脈の生成は双方向の過程（コール，2002；ロゴフ，2006）ではあり得ないわけです。個人はある特定の文化に属し、その文化の実践者となり、かつ文化に働きかけ、変容させる存在であると言えるでしょう。

　マクロシステム、すなわち社会規範や文化的価値が子どもの発達に及ぼす影

響を検討する上で育児様式はひとつの大切な指標となります。そのことに最初に気づいたのは文化人類学者たちでした。それではここで育児様式が子どもの発達にどのように影響を与えているかを見ます。

2　育児様式と子どもの発達

　文化人類学者のコーディルとワインシュタイン（Caudill & Weinstein, 1969）は心理学的手法を取り入れ、観察者自身の文化的背景や先入観に左右されない客観的なデータを求め、数値で表した調査研究の報告をしました。3カ月児の行動とその母親の養育態度を検討した結果、赤ちゃんの行動に大きな違いが見られ、日米の母親の養育態度は対照的であることを見出しました。日本人の母親は赤ちゃんをあやしたり、抱っこすることが多く、日本人の赤ちゃんが概して大人しく、環境に対して受動的であることを見出しました。一方、アメリカ人の母親は赤ちゃんをよく見つめ、話しかけ、アメリカ人の赤ちゃんは活発で機嫌のよい声を出すことがより多かったのです。興味深いことに、日本人の母親の話しかけは赤ちゃんの「機嫌の悪い声」と正の相関があり、アメリカ人の母親の話しかけは赤ちゃんの「機嫌のよい声」と正の相関がありました。日本人のお母さんは赤ちゃんの「機嫌の悪い発声」に対応してなだめることが多いのに対し、アメリカ人のお母さんは「機嫌のよい声」に応答して遊び相手になる傾向があったと言えるでしょう。

3　文化の子ども観と子どもの自立

　原（1979）はカナダの北極に近い寒冷地帯に生きる狩猟民ヘアーインディアンの子どもが幼少期からナイフや斧、のこぎりなどの道具に親しみ、使いこなせることを報告しています。4歳4カ月の女の子がひと気のないところで、小さい斧で短い丸太を割る動作に驚いたこと、子どもたちはナイフの次は斧、斧の次はのこぎりと次々に刃物に親しんでいくことを報告しています。10歳ぐらいの男の子たちだけで森の中に入りウサギのわなをかける時は、ナイフで木の幹に傷をつけ帰り道で迷わないように工夫する、10歳にもなるとちょっと

した傷の応急手当てができ、どんな傷は深いかなどの判断がつくと述べています。ヘアーインディアンの子どもは自分個人の責任において判断し、行動することを躾けられています。同様に、上述のロゴフ（2006）もコンゴ民主共和国の生後 11 カ月の赤ちゃんが刃物を安全に使えると述べ、その一方で、米国中産階級の大人たちは 5 歳以下の子どもがナイフを使えるとは思っていないことが多いと対比させています。

　根ヶ山（2002）は、親は自らの価値観をもとにモノや道具を積極的に与えたり奪ったりして、子どもの生育環境を構成し操作していると論じています。親が子どもに与えるモノや道具の存在は子どもの発達を促進するばかりではなく、「事故」のように生を阻害する側面をもつアンビバレントなものであると捉えています。たしかに、現代の日本を含めた先進国の子育てにおいては、子どもを安全に育てたいと思うあまり、刃物という道具を幼児に与えることが難しくなっており、それはまた子どもの手の巧緻性の低下となって表れています。

　以上のことからマクロシステムの文化的価値は子どもの発達に大きな影響を与えていることがわかります。子どもという存在をどう見るかという子ども観は文化によって異なり、かつ、時代とともに変化し、子どもの自立の過程に影響を及ぼしています。現代の先進国の大人たちは子どもが本来できることであってもさせないように過保護に育てています。親が子どもにモノを与え、その道具を使いこなすことで子どもの自立に向けて責任を課していくという養育の側面において、現代の先進国の親たちは少しずつ子どもの発達を遅延させているのかもしれません。比較文化研究から得られた知見はかつての自立に向けて子どもの責任感を育む養育の基本が、今、どのような方向性へとシフトしているかを示唆していると言えるでしょう。

② 文化と学校教育

　柏木（1996）はコールの文献を参照し、文化の中で知的能力を学習することについて、キャラハを中心とした研究グループがブラジルの市場で物を売って

いる 12 歳の子どもに近づいて、顧客を装って行った計算能力の実験について論じています。

客　　　　　　：ココナッツ 1 ついくら？

売り子の子ども：35 クルゼイロだよ。

客　　　　　　：10 個ください。全部でいくら？

売り子の子ども：3 つで 105 で、それから 3 つ、それで 210。あと 4 つか。
　　　　　　　　それで…315 で、…350 クルゼイロになるよ。

学校では、簡単な四則演算（例：10 × 35=350）の手続きが教えられているのですが、この子どもは学校で学習した計算方法はほとんど身についていません。しかしながら、商売という日常の活動の中で、商売のためにうまい計算方法を学習しています。以上のことから、知識や知的技能の学習は、自分が生活している文化の影響により、子どもにとって意義があると認められる目的を達成する活動の中で、本質的に有効な手段であるとみなされた知識や技能が獲得されるという形で起こると考察しています。

　箕浦（2005）によれば、学校とはマイクロシステムとマクロシステムが出会う場です。マクロな次元の文化的意味体系は、例えば、マクロな次元のある日本の小学校の子どもたちの友達関係や生徒と先生の相互交渉に影響を与えているのです（箕浦，1997）。

　ここでは学校教育にどれほど文化が埋め込まれているかを日米の学校を比較し見ることにしましょう。恒吉（1992）によれば、アメリカでは教師が個人リーダーとして自ら指示を下して児童を率いていく「直接統治」であるのに対し、日本では教師が集団による役割分担と児童相互の規制を利用しつつ「直接統治」と「間接統治」を併用する形になっています。さらに、他者および児童の集団への同調を促す時に、相手の感情を推察しそこへ感情移入する「内在型同調」を奨励する日本の学校と、物事の因果関係や先生から児童への立場の違いを強調した指導に依拠した「外在型同調」を奨励するアメリカの学校は対照的です。それは日本の文化が相手の内面に配慮し、他者との一体感を重視する

こと、アメリカの文化が相手との心理的距離を保ちながら論理的一貫性に基づいて言語による主張を重視することの上に成り立っています。日本の文化が感情を重視し、子どもの頃から思いやりを発揮して人々の結びつきを強化してきたことが日本の学校教育の教師の指導の在り方に反映されています。一方、アメリカでは子どもの自立を重視し、社会の公正さや客観的な原理に基づいた行動を促すことを重んじる社会規範が学校教育に反映されていると言えるでしょう（恒吉，1992）。

恒吉（2008）によれば、日本の子どもたちの授業中の会話がアメリカと比べてそれほど強く規制されないこと、アメリカでは教師の質問に対する答えや討論の意見を述べることに限定されることを挙げて、授業中の子ども同士のコミュニケーションひとつ取り出しても、文化的価値を内包した教授法であることを明らかにしています。

③　幼児期の子どもの発達の文化比較

幼児期の子どもの社会性の発達について、柏木（1988）は「自己主張」と「自己抑制」という2つの側面を見出しました。「自己主張」とは「自分の欲求や意志を他人や集団の前で表現し、実現すること」であり、「自己抑制」とは「自分の欲求や行動を制すべき時に抑えること」です。

佐藤（2001）は日本とイギリスの幼児を対象とする絵画自己制御能力テスト（田島・柏木・氏家，1988）と、両国の母親を対象とする質問紙調査を実施しました。イギリスの子どもは「自己主張」の側面の発達は日本の子どもより早期に発達していましたが、「自己抑制」側面の発達に両国で有意差は見出されませんでした。さらに、「自己主張」の下位次元についてより詳しく分析してみると、「独自性・能動性」「拒否・強い自己主張」においてイギリスの幼児の発達が著しいことが明らかになりました。

さて、この幼児期の社会性の発達の文化差は何に起因しているのでしょうか。ある特定の文化においてどのような対人行動を大人が子どもに促すかは、

その文化においてどのような対人行動が望ましいと考えられていることと対応しています。さらに言えば、自己と他者の関係性をどう捉えるかが日本とイギリスの2つの文化では大きく異なっています。自己と他者の境界線を明確にするイギリスの対人関係と、相手の中の悲しみやさびしさに共感しそれを自分に結びつけて考える日本の対人関係は、幼児期からそれぞれの文化の子どもたちに内面化されています。これについては後述の文化と自己の発達のところでもう一度触れたいと思います。

　子どもにマクロシステムの社会規範や文化価値がどのような道筋で伝わるのかと言えば、親や教師の躾や教育だけではなく、「こんなふうに育ってほしい」という意識的な、あるいは時には無意識の発達期待が子どもの発達に強い影響を与えています（東・柏木・ヘス, 1981）。親や教師は子どもに社会規範や文化的価値を媒介する役割を果たしています。

　ここで、3つの文化の保育所の比較研究を紹介しましょう。1980年代半ばにトビン・ウー・デビッドソン（Tobin et al., 1989）はフィールドワークにより日本とアメリカと中国の保育を比較しました。3つの国の保育の動画を記録し、そのデータを研究者が検討し考察するだけではなく、ひとつの国の保育について他の2つの国の保育者や教育関係者のコメントをデータとして役立てるmultivocal ethnography（多重音声のエスノグラフィー）の研究手法を用いています。それによると、日本の保育所では集団行動の一体感と思いやりを育むことに主眼点を置いていました。一方、アメリカは子どもの自発性や言語による自己表現を重視していました。中国は保育者による集団行動の統制がより厳しく、子どもの活動に選択の幅が少ないことがわかりました。

　さらに、2000年以降に、トビン他は再度この3つの保育所を訪問し、保育の動画を記録しました（Tobin, Hsueh, Karasawa, 2009）。ここには文化差と時代による違いが鮮明に映し出されています。興味深いのは、20年の時が流れ、遊具や園舎の環境設定は変化しても、それぞれの文化の子ども観、それに基づく保育の方針が基本的には変わらないということです。この貴重な2つの記録は文化が保育を通してどのような子どもに伝えるべき価値態度を保ち続けてい

き、何を棄却して変容していくのかを表しています。

④　文化と「自己」の発達

　文化的自己観はある文化において歴史的に形成され社会的に共有された自己のモデルであり、文化的慣習や行動のパターンを構成し、その精神構造はその文化に属する人々によって共有されるものです（北山，1997）。

　西洋文化の「相互独立的自己観」は「自律的」で他者との心理的距離を保つことの上に成り立っていますが、日本を含む東洋文化の「相互協調的自己観」は「他律的」で他者との心理的な融合を大切にしています。「相互独立的自己観」とは対照的に、「相互協調的自己観」は自己と他者の境界線が曖昧であること、そして自己と家族や友人との親密な関係を重視することが特徴的であると述べました（Markus & Kitayama, 1991）。

　北山・宮本（2000）は上記の自己観がいかにして文化と心の多様性と関係しているかを図に示しています（図 5-2）。左にいくほどより集合的なプロセスが、右にいくほど個人的なプロセスが示されています。各人の自己システムは、文化的環境に応じて自らの思考、感情、行動を制御する結果として構成されます。さらに、いったん形成されたこのような心理傾向やプロセスは、それらが寄り集まって社会的現実を構築し、文化を維持する一端を担うと説明しています。

　その後、トルコのカーウトチバシュ（Kağitçibaşi, 2006）は上述の2つの自己観に加えて、第三の自己観「自律的・関係重視自己観」を提示しました。この自己観の特徴は自律的でありながら他者との心理的距離が近いことです。そもそも人が自律的であるためには他者との心理的距離が十分に取れることの上に成り立つとされてきました。しかしながらトルコでは個人が何かを成し遂げた時に個人のものとして認識されるのではなく仲間と共有されるので、自律的でなおかつ他者との情緒的な結びつきを重視することが矛盾せず成立します。

　この文化的自己観は子育てに大きな影響を与えています。「相互独立的自己

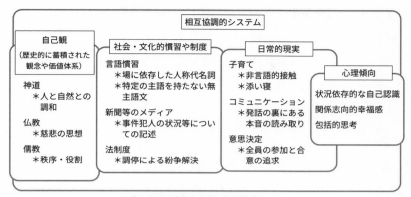

日本における自己と文化の相互構成システム

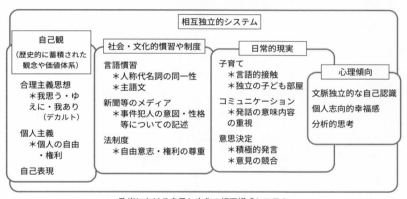

欧米における自己と文化の相互構成システム

図5-2　欧米と日本の自己と文化の相互構成システム（北山・宮本，2000）

表5-1　家族モデル・親行動と自己の発達（佐藤，2009）

	相互依存	独立	情緒的相互依存
親の行動様式	権威主義	相対的に許容	権威的
子育ての方向づけ	統制／従順	自律／自己依拠	統制／自律
自己	相互関係的	分離独立的	自律―相互関係的

観」は子どもの「自律」と「自己依拠性」を育むこと、「相互協調的自己観」では子どもの「統制」と「従順」を育むこと、そして第三の「自律的・関係重視自己観」においては「統制」と「自律」を子どもに育むというそれぞれの文化特有の方向づけがなされるとカーウトチバシュは論じています。

⑤　児童期の子どもの発達の文化比較

　上述の「相互独立的自己」と「相互協調的自己」という自己概念の構造に関して日本とドイツの8歳児女子を比較した研究があります（小林，1998）。個別面接を通じて自己、親友、教師それぞれについての記述と、自己と重要な他者（親友・教師）との比較、同一化について検討しました。結果として：1）日本人児童はドイツ人児童よりも関係志向的発言の比率が高く、ドイツ人児童の発言は日本人児童に比べ、より個人志向的傾向が強かった、2）教師との比較において、日本人児童の方が自己との共通点を強調する傾向がドイツ人児童よりも強かった、3）ドイツ人児童の方が、他者との同一化に対して、日本人児童に比べ、より否定的な態度を示したと述べています。これらの結果から、日本人児童がより「相互協調的自己」を、ドイツ人児童はより「相互独立的自己」を有すると考察しています。

　また木下（2009）は、多数決は個人主義的思想に支えられていることを前提に、集団全体を重んじる傾向が強いとされる日本と、個人主義的傾向が強いとされるイギリスでは、多数決に関する理解、態度は異なる面があることを想定した調査を行いました。集団での合意の形成に関して、民主的手続きとされる多数決を適用してもかまわない状況と多数決の適用は問題である状況について理解しているかどうかを、日本とイギリスの小学校3年・6年、中学校2年の児童・生徒および大学生を対象に調べました。例えば、学芸会などでクラスの「みんなでなにをしようか」などを決めることは集団決定できますが、「弁当にはパンを食べよう」などといった飲食のような事柄は、個人領域とされ「集団決定はするべきではない」という反応がどちらの国でも、どの学年でも過半数

でした。しかし、食後の歯磨きや食前の手洗いなどの衛生的行為を強制する規則は、イギリスでは5年生以上では「個人のこと」として是認しないのに、日本ではどの学年でも集団決定を過半数が認めています。

　多数決の適用の判断に当たっては、イギリスの方が課題解決的で、多数決を是認することが多く、日本ではイギリスより感情的反応が多いことが示されました。日本とイギリスでは、心情的な側面に価値が置かれるか、合理的理性に価値が置かれるかという傾向の大きな違いが見られました。同様に、守屋（1994）が「おおきな木」という絵本について7歳から17歳までの日本とイギリスの子どもに書かせた感想文を比較すると、日本人の子どもに感情的評価がイギリス人より多かったという報告があります。日本人の気持ちを重視し、人の気持ちを知ろう、読もうとする傾向を、東（1994）は「気持ち主義」と呼んでいます。

　さらに、木下（2021）は個人の自由を制限するコミュニティの規則について、いつ頃から個人の自由領域を意識して規則の正当性を見るようになるのかを日本、イギリスにおいて8歳、11歳、13歳および成人の4つの年齢群を対象に検討しました。木下によれば、子どもはある領域のことは自分自身でできる、自分で行動を決めたいという自律（autonomy）の感覚、欲求を早くからもっていて、親や先生でさえ統制できない事柄があることを意識しており、子どもが自己選択や自分の決定権を主張するのは行為者としての主観的感覚を得ようとしていると述べています。日本とイギリスの比較から、日本の調査参加者の方が個人の決定領域でも、コミュニティの規則を認める傾向が強いこと、個人領域が意識される年齢が日本とイギリスでは異なり、イギリスでは11歳頃から意識され始めるが日本ではやや遅れることが明らかになりました。この背景には日本の親は子どもの自律に対し、アメリカやイギリスの早くから子どもの自己決定領域を広げようとする西欧的価値観とは異なる価値観をもっていることがあると考えられます。

6 子どもの文化移動：
——マクロシステムの境界を横断することの意味

　ある文化の中で育つということは、対人行動の知識を得て（認知的側面）、必要に応じてそれを使い（行動的側面）、感情的にそうすることに違和感を感じないこと（情動的側面）です（箕浦，1990）。この３つの側面が同時進行的に相互に補完し合っている時に個人は文化の中にしっくりとした居場所があります。

　上述のブロンフェンブレンナーは他の国への移住はマクロシステムの境界を横断することであると述べています。

　箕浦（1990）は父親の駐在に付いてアメリカに行った日本人の子どもが、地元の学校に通学し、近所の子どもと遊ぶうちに、現地で通用するアメリカ人的な対人行動を身につけていくプロセスを検討しています。異文化の中で感じる認知・行動・情動のずれを調べ、子どもの異文化体験を次の５つの類型に分けました。

(1) 日本人とアメリカ人の対人関係の持ち方が違うという認知がなく、ズレをどこにも感じていないタイプ

(2) 日本人とアメリカ人とでは対人行動が違うという認知はあるが、アメリカ人のように振る舞えないか、振る舞おうとしないタイプ

(3) 認知・行動はアメリカ的だが、情動の動きは日本的なタイプ

(4) 認知・行動はアメリカ的だが、情動面はどちらとも判定がつかないタイプ

(5) 認知・行動・情動すべてでアメリカ的でずれを感じていないタイプ

　アメリカで育つ日本人の子どもを対象とする面接調査を通して、子どもの異文化体験については大人と違い母国の日本文化の影響が濃厚に残っておらず、新しく出会ったアメリカ文化に包摂されていくのではないかと考察しています。そして、ある文化の一員としての自我意識である文化的アイデンティティが形成される可能性が最も高い時期は９歳から15歳までではないかと結論づけています。大人と子どもの文化移動の違いは、アメリカに滞在する日本人の

大人が「仮住まい」と認識するのに対し、子どもにとっては「本住まい」となること、加えて、子どもたちは教師やクラスメートといった文化を伝達するエージェントとの交流を通して文化を学習する機会が大人よりも多いことがアメリカの文化的価値態度を内面化していくことにつながるというのです。

　異文化圏に入った時、子どもは状況を切り抜けるため自他の調整を図りますが、その際には環境を可能な限り自分に合わせて変えることと自分自身を変えるということを両方行います（江渕，1986）。

　新しい文化に入っていくことは単なる適応のプロセスではありません。文化学習とはある特定の文化の本質的な特徴を学習することであり、それは異文化であっても、自文化であっても広い意味では同じと言えるでしょう。異文化であれ自文化であれ、現在自分の属する文化に居心地の悪さを感じる場合は、その社会のしきたりをまだ学習していないかあるいは認識していてもできない状態にあります（Furnham & Bochner, 1986）。上述のアメリカに文化移動した子どもを研究した箕浦は、子どもが自分で積極的にアメリカ社会の中に入っていく姿勢がない時は何年滞在してもその影響を受けることはないと報告しています。ここに文化化や社会化のメカニズムが示唆されています。どこまで文化学習がなされるかは個人の自律的で能動的なプロセスであり、自己形成であるのです。

　ロゴフの述べるように、人間は、自らの属する文化コミュニティの社会文化的活動への参加の仕方の変容を通して発達し、且つ文化的コミュニティ自体も変化していきます。そして、文化が多様であること、対照的な文化の子育てや教育から学んでいけることの中にこそ、予測もつかない未来を生きる子どもへの支援の豊かな広がりがあると言えるでしょう。

■参考・引用文献

東洋　（1994）　日本人のしつけと教育　東京大学出版会.

東洋・柏木惠子・R.D. ヘス　（1981）　母親の態度・行動と子どもの知的発達　東京大学出版会.

ブロンフェンブレンナー，U.　（1996）　人間発達の生態学　磯貝芳郎・福富護訳　川島書

店.

Caudill,W., & Weinstein,H. （1969） Maternal care and infant behavior in Japan and America. *Psychiatry*, 32, 12-43.

コール，M. （2002） 天野清訳 文化心理学 新曜社.

江渕一公 （1986） 異文化適応のメカニズム──文化人類学的考察 教育と医学，34 （10），910-917.

Furnham, A., & Bochner, S. （1986） *Culture Shock : Psychological reactions to unfamiliar environments.* Metnuen & Co.

原ひろ子 （1979） 子どもの文化人類学 晶文社.

Kağitçibaşi, Ç. （2006） *Understanding Social Psychology Across Cultures*, SAGE Publications, Inc.

柏木惠子 （1988） 幼児期における「自己」の発達 東京大学出版会.

柏木惠子 （1996） 学ぶとは何か──文化的活動の手段を学習する 古澤頼雄編著 教育心理学へのアプローチ：教えるものが考えること 北樹出版 pp.38-62.

柏木惠子・古澤頼雄・宮下孝広 （2005） 新版発達心理学の招待 ミネルヴァ書房

木下芳子 （2009） 多数決の適用についての判断の発達：日本とイギリスとの比較研究 発達心理学研究，20 （2），311-323.

木下芳子 （2021） 個人の自由を制限するコミュニティの規則についての判断の発達──日本とイギリスの比較 教育心理学研究，69, 396-409.

北山忍 （1997） 文化心理学とは何か 柏木惠子・北山忍・東洋編 文化心理学 東京大学出版会 pp.17-43.

北山忍・宮本百合 （2000） 文化心理学と洋の東西の巨視的比較──現代的意義と実証的知見 心理学評論，43, 57-81.

小林亮 （1998） 独立的自己と相互依存的自己に関する8歳児女子の日独比較 発達心理学研究，9, 84-94.

Markus, H. R., & Kitayama, S. （1991） Culture and the Self : Implications for Cognition, Emotion, and Motivation. *Psychological Review*, 98 （2），224-253.

箕浦康子 （1990） 文化のなかの子ども 東京大学出版会.

箕浦康子 （1997） 地球市民を育てる教育 岩波書店.

箕浦康子 （2005） 文化と教育 金児曉嗣・結城雅樹他編 文化行動の社会心理学 北大路書房 pp.64-73.

守屋慶子 （1994） 子どもとファンタジー 新曜社.

根ヶ山光一 （2002） 発達行動学の視座：「個」の自立発達の人間科学的探究 金子書房.

ロゴフ，B. （2006） 當眞千賀子訳 文化的営みとしての発達 新曜社.

佐藤淑子 （2001） イギリスのいい子 日本のいい子 中公新書.

佐藤淑子 （2009） 日本の子どもと自尊心 中公新書.

田島信元・柏木惠子・氏家達夫 （1988） 幼児の自己制御機能の発達：絵画自己制御能力

　　テストにおける 4 – 6 歳の縦断的変化について　発達研究，4，45-63.

Tobin, J. J., Wu, D. Y. H., Davidson, D. H.　（1989）　*Preschool in Three Cultures*：
　　Japan, China, and the United States. Yale University Press.

Tobin, J. J., Hsueh, Y., Karasawa, M.　（2009）　*Preschool in Three Cultures Revisited*：
　　China, Japan and the United States. The University of Chicago Press.

恒吉僚子　（1992）　人間形成の日米比較　中公新書.

恒吉僚子　（2008）　子どもたちの三つの危機　勁草書房.

Part 2

子どもと学び

Chapter 6

学ぶということ

　ヒトは環境への適応のために、誕生から一生涯の様々な経験を通して、多くのことを学び、身につけます。ヒトはこの「学び」によって、環境に最も適切かつ効果的に適応することができるようになります。この「学び」のことを心理学では「学習」と呼び、基本的ないくつかのタイプに分けることができます。この章では、まず学習の基本的なタイプとその特性等について概説します。そして、学習過程に密接にかかわる動機と、学習を可能ならしめる記憶の現象とその仕組みについて解説します。

① 学習のタイプと学習の仕組み

　「学習とは、経験による比較的永続的な行動の変容」と定義されます。「経験による」というのは、遺伝的なものではなく、自らの経験を通して獲得されるものであることを意味し、「比較的永続的な」というのは、一時的なものではなく、一度獲得されると場合によっては一生涯にわたって持続する行動ということを意味しています。また、「行動」も、観察可能な外的な行動ばかりでなく、臓器の働きや生理的反応といった内的な反応も「行動」と捉えます。

　学習は、いくつかの基本的なタイプに分けることができます。「パブロフの犬」で有名な、唾液分泌の条件づけ研究に始まる古典的条件づけ（classical conditioning）というものと、ラットのバー押し学習に代表されるオペラント条件づけ（operant conditioning）というものが挙げられます。これら2つのタイプの学習は共に学習する個体自らの経験を通して獲得されるものですが、もう

ひとつの学習のタイプとして、他の個体の行動を観察し、模倣することを通して、自らの行動を形成する社会的学習があります。

1　古典的条件づけ

　古典的条件づけは、生体の反応を誘発する刺激と何らかの中性的刺激を対にして提示することで形成されます。チャイム音に対する唾液分泌反応の条件づけを例に挙げて説明します。通常は唾液分泌を何ら誘発しないチャイム音という中性刺激を提示した後に、餌のように唾液分泌反応を必ず引き起こす刺激（この刺激のことを無条件刺激と呼ぶ）を提示します。すると餌の効果で無条件に唾液が分泌されます（この反応のことを無条件反応と呼ぶ）。またしばらくして、同じようにチャイム音を提示した後に餌を提示します（この手続きを対提示と呼ぶ）。この時も同様に餌の効果で唾液が分泌されます。この対提示を繰り返し行うと、何回かの対提示の後に、生体はチャイム音を聞いただけで、餌が提示されていないにもかかわらず唾液を分泌するようになります。このように、もともとは中性刺激であったものが、無条件刺激との対提示によって、無条件刺激と同等の効果を有するようになった刺激のことを条件刺激と呼びます。そして、ここに示した一連の手続き・過程のことを古典的条件づけと呼びます。生体の反応にとって、何らの効果も有していなかった刺激が、この手続きによって、反応を誘発する新たな刺激特性を獲得したと理解できます。生体側から見れば、ある特定の刺激に対する新しい反応を学習したということになります。

　チャイム音と餌とを対にして提示することは、唾液分泌反応を増強する効果を有していると考えられ、条件刺激と無条件刺激の対提示のことを強化と呼びます。強化を繰り返すことで、反応（唾液分泌量）は徐々に増大していきます。一方、ひとたび古典的条件づけが形成された後、チャイム音（条件刺激）のみを提示し、餌（無条件刺激）を対提示しないことを繰り返すと、徐々に反応は減少し、最終的には音を提示しても反応が生じないようになります。このような手続き・過程のことを消去と呼びます。

古典的条件づけが成立した後、チャイム音の代わりにブザー音を提示したと
します。するとブザー音に対しても、ある程度の唾液分泌反応が生じます。こ
のように、もともとの条件刺激に類似した刺激に対しても、条件反応が生じる
ことを刺激般化と呼びます。
　ブザー音を提示すると刺激般化により唾液分泌反応が生じますが、チャイム
音に対しては常に餌を対提示し、ブザー音は単独提示するという手続きを繰り
返すと、最終的にチャイム音に対してのみ唾液分泌反応が生じ、ブザー音には
唾液分泌が生じなくなります。この現象を分化あるいは弁別と呼び、異なる刺
激に対して異なる反応を学習したと理解できます。
　チャイム音に対して唾液分泌反応が生じるようになった段階で、チャイム音
を提示する直前にメトロノーム音を提示したとします。この手続きを繰り返す
と、ある段階から、メトロノーム音を提示しただけで、唾液分泌反応が生じる
ようになります。この段階でさらに、メトロノーム音を提示する前に、また別
の中性刺激であるライトを点灯したとします。この手続きを繰り返すと、ある
時期からライトを点灯しただけで、唾液分泌反応が生じるようになります。こ
のように、新たな刺激が順次に本来の条件刺激と同等の性質を獲得していくこ
とを高次条件づけと呼びます。梅干しの入っている瓶を見ただけで、「梅干
し」という言葉を聞いただけで唾液が出てしまうという現象は、この高次条件
づけから理解できるものです。
　古典的条件づけが成立するためには、条件刺激と無条件刺激の時間的接近が
必要です。一般的に、両者が時間的に接近しているほど、条件づけは速やかに
生じ、両者の時間間隔が長くなるにつれ、条件づけが困難になります。しか
し、近年ではこの要件よりも、条件刺激が無条件刺激の到来をどの程度の確度
をもって予測できるかといったことが、条件づけ成立に重要であるとされてい
ます（Rescorla & Wagner, 1972）。

2　オペラント条件づけ

　古典的条件づけは、刺激によって誘発される反応の学習の仕組みを説明する

ものです。これに対し、生体の反応には自発的に、能動的に行う反応が多々あり、このような反応のことをオペラント反応と呼びます。そして、この反応の学習はオペラント条件づけによって説明されます。オペラント条件づけの手続き・過程はとても単純なものです。ラットのバー押しというオペラント反応の学習を例に挙げれば、ラットが自発的にバーを押した時に餌を提示することで、ラットはバー押し反応を学習し、多発するようになります。このような手続き・過程をオペラント条件づけと呼びます。

餌のように、あるオペラント反応の生起率を変化させる刺激のことを強化子あるいは強化刺激と呼び、これを与えることを強化と呼びます。一方、条件づけられた反応が生起しても強化をしないことを消去と呼びます。消去により、反応潜時（反応が生じるまでの時間）の増大、生起率の低下が徐々に進行し、最終的に学習前の状態（オペラント水準）まで戻ります。この水準まで戻るのに要した反応数と時間のことを消去抵抗と呼び、オペラント条件づけされた反応の強度を示します。

学習した状況や場面に類似した状況や場面で、条件づけられた反応が生じることを般化と呼びます。一方、異なる刺激に対して異なる反応をすることを弁別と言います。バーの上のランプが点灯している時のみ、ラットのバー押し反応を強化し、消灯時にはバー押し反応をしても強化しないという手続きを繰り返すと、ラットはランプ点灯時にのみ反応をするようになります。

強化子には生得的なものと、習得的なものがあります。餌や電撃といったものは、生体に初めて提示した時に既に強化効力をもっており、このような強化子を一次強化子と呼びます。チンパンジーに金属片を与え、それを入れると餌が出てくる装置を置くと、金属片を装置に入れて餌を得るという行動のオペラント条件づけが成立します。この学習が成立すると、チンパンジーは金属片を欲するようになります。この金属片は元来中性的な刺激ですが、学習の過程で餌という一次強化子と結びつくことで強化の働きを有するようになったと理解できます。このような強化子のことを二次強化子と呼びます。人の世界における「お金」はまさに二次強化子と理解することができます。

ラットにとって、バー押し反応というものは、ラットが普段の生活の中で示す行動には含まれないものです。そのため、実際の条件づけでは、まずラットがバーに近づく反応に対して強化をし、この反応を獲得した次の段階として、後ろ足で立つという反応に強化を与え、この反応を学習させます。次には後ろ足で立ってバーに手をかけたら強化をし、そして最終的に、後ろ足で立ってバーを押し下げたら強化をする、という手続きを経ることで、効率的にかつ速やかにバー押し反応のオペラント条件づけを成立させることができます。このように、目的とする反応の方向に沿った反応を順次に強化し、最終目的の反応を形成していく手続きをシェイピング（shaping；行動形成）と呼びます。この手続きを行うことで、複雑な反応も学習させることができます。

　オペラント条件づけの強化の仕方には様々な方法があります。目的とする反応が生じた時に、必ず毎回強化することを連続強化と呼びます。自動販売機でものを買う行動は、連続強化により形成された行動と解釈することができます。これに対して、反応に対して、時々（部分的に）強化を与えることを部分強化と呼び、その手続きの違いにより次のように分類できます。自発される反応の回数には関係なく、一定時間ごとに強化を与えることを定間隔強化と呼びます。月給という社会の制度はこれに当たり、サラリーマンの働き行動は定間隔強化により形成されていると解釈できます。反応数に関係なく、強化までの時間間隔をその都度変化させて強化を与える方法を変間隔強化と呼びます。魚釣り行動がその典型例です。魚が釣り上がることを強化と考えると、強化は餌を付ける回数によって決まるのではなく、釣り糸をたれた後の不定な時間間隔で与えられると理解できます。定間隔強化も変間隔強化も、経過時間を基準として強化を与える方法ですが、反応の回数を基準とした強化の仕方があります。一定の反応数毎に、規則的に強化が与えられる方法を定率強化と呼びます。出来高払いの仕事や、店舗で提供されるサービススタンプやポイントというものは、定率強化の例と考えることができます。これに対して、強化を与えるまでの反応数が不定である方法を変率強化と呼びます。一般的にギャンブルというものは、変率強化から解釈できます。ギャンブルに投資する反応に対し

て、ギャンブルに勝つことを強化と考えると、どのタイプのギャンブルも、勝つのは時間経過に依存するのではなく、勝つまでに投資した回数が毎回ばらばらであるのが一般的です。オペラント条件づけでは、連続強化によって形成された反応よりも、部分強化によって形成された反応の方が強い反応を形成し、消去されにくくなります。ギャンブルにはまると、なかなかやめられない理由も、この強化の仕方から説明することができます。

　オペラント条件づけが成立するための要件は、強化をある反応に随伴させること（これを強化随伴性と呼びます）です。つまり、オペラント条件づけは、反応と強化との時間的接近だけで形成され、反応と強化との因果関係は条件づけには関係がありません。その例として、ハトの興味深い実験があります。1羽のハトをケージに入れ、ハトの反応とは関係なく、一定の時間間隔で餌を提示します。その状態にしばらく置いておくと、場合によってハトは羽をぱたぱたと動かす反応や、首を前後に動かす反応を繰り返したりと特異な反応を形成することがあります。この不可思議な反応の形成は、次のように理解することができます。ハトはケージの中で様々な反応をランダムに行います。その中で、ある特定の反応を行った際に、一定の時間間隔で提示した餌がたまたまそこに与えられると、偶然の強化が生じることになります。しばらくして、またその反応をした時に同様に偶然の強化が生じると、その反応が部分強化の仕方で強められてしまうことになり、最終的に全く実験者が意図しない反応が形成されることになります。この現象は、ある反応の後に餌が提示されるという強化随伴性だけで、反応と強化との間に何らの因果関係がなくても、それがあるかのような行動を形成することができることを示しています。つまり、見かけ上の強化随伴性さえ確保できれば、行動は形成されるということです。各種の迷信行動や儀式というものも、このプロセスから解釈できるものがあります。掌に人という文字を3回書いて飲み込むと人前でもあがらない、寝る前に枕をたたくと良く寝られる、雨乞いの儀式等、偶然の強化随伴性の結果として理解ができるものがあります。

3　社会的学習

　古典的条件づけもオペラント条件づけも、これらの学習においては、学習者が自らの経験を通して、ある反応を獲得するというものです。しかし、われわれの日常生活の中では、他者の経験を見聞きするだけで、その反応を自分のものとすることがあります。ゲームセンターで他者がゲームに打ち興じる姿を見ることで、そのゲームのやり方を学習することがあります。上司の電話の応対の仕方や顧客への挨拶の仕方を見聞きすることで、自分も同様の反応を取ることを学習することができます。ヒトの場合、このように他の個体との社会的な関係の中で新しい反応を獲得することがあり、このような学習を社会的学習と呼びます。この学習において、他の個体はモデルと呼び、学習者はモデルの示範（模範として示したもの）を見ることにより、その反応を習得します。社会的学習には、示範を観察する段階と、その示範をもとに自らが実行し修正していく段階があります。そして前者の段階のみで学習が成立する場合を観察学習と呼び、後者の段階を経ることで学習が成立する場合を模倣学習と呼びます。

　観察学習において、観察しているモデルに対して与えられる強化のことを代理強化と呼びます。観察学習では、学習者自らが一度も強化を受けることがなくても、学習は成立します。この観察学習はオペラント行動ばかりでなく、通常は古典的条件づけによって形成されるような情動にかかわる生理的反応についても学習されることが示されています。また、観察学習は、行動の獲得だけでなく、消去においても成立することが示されています。

　一方、模倣学習には2つのものがあります。模倣することを学習する模倣の学習は、モデルと同一の行動をすることを学習するものです。この模倣の学習では、モデル自体を学習の手がかりにしているので、モデルがいなくなると学習ができなくなります。これに対し、模倣による学習は、モデルが手がかりにしているものを学習するので、効率よく学習を達成できるようになります。

② 生活体の基礎となる反応の学習

　ヒトの活動の中で極めて基礎となる反応は、摂食、摂水、排泄といった、いわゆる生命の維持にかかわる反応で、誰もが示す共通の反応です。また、様々な刺激や状況において表出される各種の感情も、人種や文化の違いに関係なく普遍的に示される反応のパターンです。これらの反応に共通する特徴は、いずれも自律神経系活動ということです。消化吸収にかかわる腸の活動、排泄にかかわる腸管や括約筋の動き、各種の感情喚起時の生体の各種反応や表情の変化等、これらはみな自律神経により調節を受けています。

　自律神経系反応は古典的条件づけのメカニズムで学習することができます。朝昼晩の一定の時間に食物が与えられ摂取する経験を通して食習慣を形成し、また一方で摂食後に排泄行動を行うことで、それらが習慣化することになります。この学習は、無条件刺激としての食物を一定時間で繰り返し提示する時間条件づけとして理解されます。

　ある刺激・状況に対して生じる感情のいくつかは古典的条件づけで形成されます。特定の刺激や状況に対して、他から感情を喚起する刺激を対提示すると、特定の刺激・状況と喚起された感情の結びつきが形成されます。ウサギと遊んでいる乳幼児に対して、大きな音を提示して怖がらせるという手続きを繰り返すと、その子どもはウサギを怖がるようになります。いわゆる恐怖条件づけが成立したためです。ウサギを条件刺激、大きな音を無条件刺激、そしてそこで生じる恐怖という感情反応が、古典的条件づけとして学習されたことによります。

　情緒の発達においては、安定した感情状態の形成が大切ですが、その形成には古典的条件づけの成立要件が関係しています。古典的条件づけでは、条件刺激が無条件刺激の到来をどの程度の確度をもって予測できるかが重要です。子どもが病気になり、病院へ連れて行った際、注射がきらいで病院をいやがる子どもを前にして、時として親は子どもをなだめるために「大丈夫、何も痛いこ

とはないよ」と言うことがあります。ところがその言葉とは裏腹に、子どもの容体が悪く、注射をすることがあります。またある時には病院に行った際に、なだめた言葉通りに、診察だけで薬だけもらってすむことがあります。しかし、また別の時には、子どもに対するなだめの言葉に反して、子どもは痛い思いを経験するといったことが生じたとします。このようなことを繰り返すと、子どもはいつしか病院と聞くと不安になり、行くと恐がり、精神的に不安定な状態になってしまうことが起こります。この理由は、親の言葉とその後の結果の関係性が不定であるために、いつ痛いことをされずにすみ、いつ痛い思いをするのかという、安全信号と危険信号を得ることができないためと考えることができます。ある刺激状況とそこから予測される結果との随伴性がない場合、それが時として不安や恐怖を生む原因ともなります。親や周囲の環境が子どもの行動に随伴性を与えることができるか否かが、健全な情緒の発達には重要と言えます。

　近年、健全な食行動の必要性が主張され、好き嫌いのない食習慣の形成が重要視されていますが、好き嫌いが古典的条件づけにより形成された可能性があります。味覚嫌悪学習というもので、ある食物を摂取した後、嘔吐などの不快な経験をすると、その食物の摂取を拒否するような学習が成立してしまうことがあります。この現象は食物の味覚を条件刺激、嘔吐を生じる毒性の刺激を無条件刺激、吐き気等の不快感を条件反応とした、古典的条件づけによる学習と考えられています。この学習で特徴的なことは、通常の条件づけでは、条件刺激と無条件刺激の対提示を反復しないと条件づけは成立しませんが、味覚嫌悪学習ではたった1回の対提示で学習が成立します。また、通常の条件づけでは、条件刺激と無条件刺激が時間的に接近していないと条件づけは成立しませんが、味覚嫌悪学習では、その間の時間が数時間離れていても条件づけが可能です。さらには、この学習は、極めて消去が困難であるのも特徴です。生命維持にかかわる食行動には、有害なものを極力排除するような強力な仕組みがあり、それがこのような特徴として示されていると考えられています。味覚嫌悪学習では、意識とは無関係にからだがその食物を受け付けない状態になってい

ると言えます。そのようなことを前提とすれば、好き嫌いでも、その原因によっては、指導の仕方を変える必要性があると言えます。

刺激般化という現象は、生物が環境へ適応する上で、とても重要な意味をもちます。ひとつの刺激・状況に対して学習した反応を、他の類似した刺激・状況でも同じように反応できるということは、学習の効率化になり、よりすばやい環境への適応を可能ならしめます。特に、生体にとって危険や脅威となる刺激や状況に対して、それに近い、類似した刺激や状況に対しても、同様な反応を生じることで、危険や脅威を未然に回避することができるようになります。

③ 自発的な行動の学習

生後、多種多様な行動を形成することによって、子どもは様々な環境へ適応し、個人としての特性や能力を活かすことができるようになります。そのような行動は、能動的・自発的になされる行動であり、この種の行動はオペラント条件づけにより形成・学習されます。このタイプの行動形成には、強化随伴性が重要であり、強化の仕方によって、形成される行動の強さが決まります。子どもの躾は強化の仕方に依存しており、不適応行動や問題行動の形成にも関係します。子どもは何かがほしい時、ねだることがあります。その時とる親の行動が、その後の子どもの行動を決することになります。子どもがおもちゃをねだった際に、その時は買ってあげたとします。また別の機会では、ねだっても買わなかったとします。このようなことが何回か続くうちに、子どもはねだるという行動を強固に形成することになります。つまり、ねだるという行動に対して、それを買ってあげるということを強化とみなした場合、そのねだり行動を部分強化することになります。一方、子どもがねだった際に、親が買わない意志を示したため子どもが泣き、いたたまれなくなった親が仕方なくそのおもちゃを買ったとします。また、別の機会に子どもの要求を拒否したことで、子どもが泣いたために、周りの目を気にしておもちゃを買い与えたとします。このようなことを繰り返すことで、その子どもは何かを買ってもらいたい時に、

いつでも大泣きをする行動をとるようになります。この子どもの泣くという行動は、親が欲するものを買い与えたことにより強化されることで形成されてしまったと理解できます。このように親の子どもへのかかわり方が、子どもの行動形成にはとても重要となります。

　無気力も学習される場合があります。学習性無力感という現象があります（Peterson, Maier, & Seligman, 1993）。ハンモックにイヌをつるし、足に電撃を流します。電撃を受けたイヌは何とかこの状況から逃れようとしますが、なす術がありません。そのような状態にしばらく置いた後、そのイヌを今度は簡単に電撃から逃避できる条件に置きます。するとそのイヌは、何もしようとせず、そのまま座り込む行動を示します。これは、ハンモックの事態に置かれた時に、不快な電撃を自らの反応では停止できないという経験を通して、何をしても無駄であるとの無力感を学習してしまい（これを学習性無力感と呼びます）、その結果、簡単な逃避課題もできなくなってしまったと考えられています。子どもにおける無気力感や学力不振も、類似したメカニズムで学習されている可能性が考えられます。

　自己効力感を形成し、高めることにより、学習性無力感から抜け出すことができると考えられています。自己効力感とは、ある行動を自分がどのくらい実行可能かという期待であり、これは自分が何らかの行動を行うと、それに対応してある成果・結果が得られるということを、自らの体験を通して認識することで形成されていくものと考えることができます。自己効力感を獲得する過程で、自分の可能性に気づき、やる気を向上させることができます。

　問題行動を分析し、その発生のメカニズム、すなわち問題行動の学習のプロセスを把握することで、適切な対処方法を検討することができます。学習の理論に基づく問題行動の治療法のことを行動療法と呼びます。

　自発的な行動の中でも運動技能にかかわる学習は、近年の脳機能研究から、知識や概念の学習とは異なるメカニズムと特性を有していることが明らかとなっています。子どもの頃に自転車に乗ることを学習すると、たとえ何十年も自転車に乗っていなくても、自転車にまたがれば、難なく乗りこなすことがで

きます。このような学習に関係しているのは小脳です。この部位に運動技能の学習の結果としての記憶痕跡が貯蔵されることが、実験によって明らかにされてきました。数時間程度の学習で獲得された運動記憶の痕跡は小脳皮質に保持されますが、長期間の学習によって運動記憶の痕跡は小脳核へ移動することが示されており（Shutoh et al., 2006）、これが運動技能の記憶の固定化に必要なプロセスのようです。その詳細なメカニズムと生理学的な意味は今後の研究で明らかになるでしょう。

　利き手の決定、書字の型、楽器の演奏、各種スポーツ等の運動技能の学習には、学習初期の状態が極めて重要となります。運動技能の獲得には、学習者自らの運動が当然必要ではありますが、その模範となるモデルの指導とその示範が示されることで、より的確に効果的に学習が進むことになります。さらには、運動技能はひとたび形成されると消去が困難となることから、このような適切な指導者や示範が学習段階の初期において与えられることはとても重要です。このことから、運動技能の学習は早期教育が最も効果を生む分野と言えます。まだ何らの運動も学習されていない時期に、正しい動作や運動パターンを、ベストなモデルにより的確に示し導くことで、最も効果的、効率的に学習が進んでいくと考えられます。音楽家の子どもが音楽家として世に出ることが多いのは、このような運動技能学習の特性と学習の適時性からも理解できるものです。

④　観察・模倣による学習

　先に社会的学習として説明をしたように、学習は、学習する個人の経験を通してのみ形成されるものではありません。他者の行動を観察し、模倣することにより、効率的に学習が進みます。ヒトを含め、集団を構成し、社会を構成する種においては、個体間の学習の伝搬が、種全体の適応能力の向上と効率性に影響します。

　人においては他者の行動を観察するだけで学習が成立します。バンデュラら

（Bandura et al., 1961）の実験が示すように、テレビを代表とする映像メディアの影響が以前から議論されています。子どもたちが闘いや暴力等の映像を見ることにより、この種の行動を学習し、攻撃的な人格が形成されてしまう危険性があることが報告されています。子どもたちにおいて観察の対象でありモデルとしての身近な存在は親であり、学校にあっては教師です。その意味で「子は親の鏡」という言葉は真実であり、教師の務めとその重要性は言うまでもありません。

　新生児において既に表情の模倣が生じることが報告されており（Meltzoff & Moore, 1977）、模倣の生得性が指摘されていましたが、最近の研究から、観察学習や模倣に関係する脳内の生理的基盤とみなすことができるミラーニューロンが見出されました。このニューロンは自らが動作をした時ばかりでなく、他人が同じ動作をするのを見ただけでも反応を示します。他者の行動を自らの行動と同じように、同じ脳内部位で処理していることを示し、観察による学習や模倣による学習に関係していると考えることができます。またこのニューロンは共感とも関連づけられています。今後の研究からこのニューロンの機能等がさらに明らかになっていくと思われます。

⑤　内発的動機

　学習の促進や、逆にその遅延を生じる要因となるのが、いわゆる「やる気」や「学習意欲」と言われる動機と呼ばれるものです。動機次第で、学習行動はプラスにもマイナスにも方向づけられることになります。その意味で、動機は学習の原動力とも言えます。

　動機は、基本的動機と社会的動機に分類できます。基本的動機は、生体が正常に生きていくために充足されねばならない動機で、生得的で個体差がありません。さらにこの動機は、飢えや渇き、排泄等にかかわる、生理的・身体的基礎のある生物的動機と、生理的・身体的基礎のない内発的動機に分けられます。社会的動機は、基本的動機をもとにして、経験を通して獲得されたもの

で、個人差があり、多様です。子どもの学び、特に、学校における学習を考えた場合、重要な動機は内発的動機です。感性動機、操作動機、好奇動機、認知動機といったものがあり、いずれも外的な報酬を得るためではなく、あることをすること自体を目的とするものです。学習を効果的に進めるためには、内発的動機を引き出すことが肝要です。子どもがテレビゲームに夢中になるのは、この種のゲームが内発的動機にかかわる複数の要素を含んでいるからです。

　しかし、内発的動機によって自発的に行われている行動も、その行動に外的報酬を伴わせると、行動が抑制されてしまうことが明らかにされています（Deci, 1971）。好んでパズルを行っている学生に対して、解いたパズル量に応じて金銭を与えてしまうと、それ以降、パズルを行う頻度が低下してしまいます。この結果は、内発的動機に基づいて自らすすんで行っていた行動が、その行動に外的報酬が与えられたことで、その行動が報酬を得るための手段となってしまい、内発的動機を低下させてしまったと理解されています。子どもに対する「ごほうび」は、与え方次第では、逆に行動を阻害することにもなり得ます。この事実は、教育の場において、賞賛や報酬をいかに活用するかにおいて、重要な示唆を与えています。

⑥　記憶と脳

　学習と記憶は密接に関係しています。学習された行動は、いわば記憶の産物です。記憶はいくつかの異なるシステムで構成されていると考えられています。短い期間だけ情報を保持する短期記憶、場合によっては一生涯にわたって情報を保持することができる長期記憶という異なるシステムが仮定されています。また最近では短期記憶の機能を拡充して、こころの作業場と考えるワーキングメモリーという新たな考え方もなされています。

　長期記憶については、記憶の検索に意識が伴うか否かで、宣言的記憶と非宣言的記憶に分けられます。意識が伴わない非宣言的記憶の代表的なものが運動技能の記憶です。宣言的記憶はさらにエピソード記憶と意味記憶とに分類され

ます。エピソード記憶とは、個人的体験や出来事に関する記憶で、特定の場所や時間などの文脈情報を含んでいます。意味記憶とは、言葉の意味に関する記憶で、知識や概念そのものと言えるものです。

　個人的な事実に関するエピソード記憶は、一般的に3歳以前まで遡って想起できないことが以前から指摘されていました（フロイトはこれを幼児性健忘（childhood amnesia）と呼びました）。この現象について、最近の脳機能の研究から、脳の海馬の発達が関連していると考えられています。海馬は側頭葉の内側部に位置する左右一対のもので、記憶の形成に関係していると言われています。その海馬は、生後1、2年ではまだ十分に発達しておらず、十分に機能し得るのは3歳以降とされています。このため、海馬の働きが十分でない生後2歳頃までに起こった事象の記憶は失われてしまうのだろうと考えられています（Smith et al., 2003）。

　一方、脳機能の研究から、言葉やものごとの意味に関する情報は、発達の初期から形成され、記憶され、意味記憶とエピソード記憶とが異なる神経基盤を有しているということが示されています。人の幼少時の意味記憶は、海馬が完成する以前に獲得され、意味記憶の情報はまず、より発達の早い海馬周辺皮質（嗅周囲皮質、海馬傍回、嗅内皮質等）で処理され、その一部の情報がエピソード記憶の形成のために海馬に入って処理されると考えられています（中沢, 2008）。乳幼児の言語理解の発達は、このような脳における意味情報の処理と保持の仕組みの発達を基盤としています。

　学ぶということ、学習について、その仕組みから理解し、様々な関連する現象等について説明してきました。特に、学び、学習は、知覚や記憶とも密接に関係するものであり、その生物学的基盤である脳の機能やその発達とも深くかかわっています。近年の生体計測技術の革新的な進歩・発展によって、生きた脳の姿やその振る舞いが徐々に明らかになってきました。今後、脳科学の知見をもとに、学び、学習、そして、それらに関連する多くのことが、より深く理解され、また新しい発見も得られていくと期待されます。科学の新しい成果に

ついて、常にその情報を得る姿勢が求められます。

■参考・引用文献

Bandura, A., Ross, D., & Ross, S. A. （1961） Transmission of aggression through imitation of aggressive models. *Journal of Abnormal and Social Psychology*, 63, 575-582.

Deci, E. L. （1971） Effects of externally mediated rewards on intrinsic motivation. *Journal of Personality and Social Psychology*, 18, 105-115.

Meltzoff, A. N., & Moore, M. K. （1977） Imitation of facial and manual gestures by human neonates. *Science*, 198, 75-78.

中沢一俊 （2008） 記憶　甘利俊一監修, 田中啓治編　認識と行動の脳科学　東京大学出版会　pp.123-201.

Peterson, C., Maier, S. F., & Seligman, M. E. P. （1993） *Learned helplessness: A theory for the age of personal control*. New York; Oxford University Press.

Rescorla, R. A., & Wagner, A. R. （1972） A theory of Pavlovian conditioning: Variations in the effectiveness of reinforcement and nonreinforcement. In A. H. Black, & W. F. Prokasy Eds　*Classical conditioning II: Current research and theory*. New York: Appleton-Century-Crofts. 64-99.

Shutoh, F., Ohki, M., Kitazawa, H., Itohara, S., & Nagao, S. （2006） Memory trace of motor learning shifts transsynaptically form cerebellar cortex to nuclei for consolidation. *Neuroscience*, 139, 767-777.

Smith, E. E., Nolen-Hoeksema, S., Fredrickson, B. L., & Loftus, G. R. Eds. （2003） *Atkinson & Hilgard's introduction to psychology* (14th ed.). Belmont: Wadsworth/Thomson leaning.

Chapter 7
ICT 時代の学び

① 今日の子どもとメディア環境

　20世紀半ばに誕生したコンピューターは、人間の歴史において文字、印刷に続く第三の発明と言われます。半世紀のあいだに急速に発展し、現代社会に不可欠となりました。電話や郵便等の通信手段、さらにテレビ、新聞等のマスメディアを凌駕するかのように、インターネット（以下、「ネット」と記します）も普及しました。さらに今日ではパーソナル・コンピューター（PC）と同等の機能を備え、映像やメッセージの情報を扱いやすいスマートフォン（通称は「スマホ」）を、たくさんの大人と子どもが使っています。

　ICT（information and communications technology）とは、データ（情報）や機器を活用した高度な情報通信技術を指します。人と人のあいだで生じるコミュニケーションも大切な要素です。進化するICTに支えられて、子どもの学びの内容と方法は、どのように変わっていくのでしょうか。

1　今日の子どもをめぐるメディア環境

　ネットやスマホは、2020年に世界でまん延した新型コロナウイルス感染症の対策もあって、公的機関の手続きでも使用が推奨されるようになりました。情報の収集・発信、登録者間の交流ができるソーシャル・ネットワーキング・サービス（SNS）やオンラインの「ゲーム」も、多くの子どもが親しんでいます。2020年度に文部科学省は「GIGAスクール構想」を本格化させ、全国の

学校の情報環境を整備して小・中学生に「一人一台」のPC、またはタブレット端末の配布も進めたことも、普及に拍車をかけました。

　今日の子どもたちは「デジタル・ネイティブ」と呼ばれる通り、生まれた時から高度な情報技術が当たり前の環境で育ち、ともすれば大人よりメディア機器に精通し、創造的に使いこなす世代です。

　内閣府（2023）の調査によると、10歳から17歳までの青少年の98.5％がインターネットを利用し、使用機器はスマホが73.4％、ゲーム機が63.2％で、他にもインターネットテレビ（地上波やBSを含まない）や自宅用のPC等が使われています。一方で、学校から配布・指定された「GIGA端末」の利用率は63.6％です。学校や家庭の管理が行き届かない個人の機器と時間を使ったインターネットの利用が増えており、中・高生のスマホの利用率はGIGA端末の値を大きく上回ります。中学生の69.9％が一日3時間以上、高校生の50.2％が一日5時間以上もネットを使い、その内容は「動画を見る」、「検索する」、「投稿やメッセージ交換」がそれぞれ8割以上に上ります。

　同じ調査では、インターネット利用の低年齢化も見られます。9歳以下の子どもの74.4％がインターネットを利用し、自分以外の端末を含めるとスマホの利用が43％、ゲーム機は32.5％でした。また、10歳以上の小学生は、59.5％がスマホを、32.5％がゲーム機を使っています。学校でのGIGA端末の使用は7割で、2020年度から一年間だけで急速に利用率が増えました。

2　学校教育とICT

　① 1で見た通り、高度なメディア環境で育つ「デジタル・ネイティブ」の子どもたちが主体的に学んでいくために、ICT時代の学校教育は2つの文脈で変わりつつあります。第一は授業デザインの、第二は施設・設備の変革であり、いずれも情報通信技術を活用して一人ひとりの子どもが学ぶ内容の質の高まりと社会への広がりを目指しています。

　第一の変革は、国の示す方針に如実に表れています。例えば、2017年告示の学習指導要領（高等学校は2018年）は、一般にアクティブ・ラーニングと言

われる「主体的・対話的で深い学び」の理念を示しました。その実現の鍵となるICTの活用は、皮肉にもコロナ禍で加速した「一人一台」の情報端末の配布等の情報環境の整備により前進しました。また、中央教育審議会（2021）は、一人ひとりの子どもに応じた「個別最適な学び」と、子ども同士や多様な他者とともに行う「協働的な学び」の充実を提言しました。近代社会で組織された「学校」や「教室」に根づいた、ひとつの教室で同じ時間に一斉に子どもが前を向き、黒板を使って教師が語る「一斉授業」だけでなく、ICTを活用して多様な教材・教具を柔軟に扱い、子どもが自ら学ぶ内容と方法を考えて動く、「主体的・対話的」な学習方法の可能性が示されています。

　第二の施設・設備の変革の特徴は、2022年改訂の小学校施設設備指針に反映されています。子どもや教師が求める学びの内容・方法に柔軟に対応して新しい時代の学びを実現させる観点から、視聴覚教室やコンピューター教室に限らず、普通教室でも情報端末や電子黒板を日常的に使って学習できるよう、無線LANやコンセントの補強を含めた情報環境や、教科書と情報端末が置ける大きめの教室用机等の整備が促されました。また、授業時間外にも児童生徒が利用できる「学習・情報センター機能」が有益とされました。

　現状では学校教育の情報化は不十分であり、教師が教材を制作・管理する設備・空間の確保や、校務を支えるシステムの構築そのものが課題です。今こそ、ネットを使いこなす子どもの学びを支える環境が求められています。

②　ICT時代の授業・教室

　①で、今日の進んだメディア環境が、子どもの学びを充実させる可能性を見てきました。それでは、学校における学びのスタイルの特徴を歴史から確認し、どのような変化が求められるのかを考えてみましょう。

1　学びのスタイルの変化の歴史
　学校教育の近代化は、学校制度が普及した19世紀半ばから始まっていま

す。新聞等のマスメディアの活用やラジオの放送教育に始まり、特に 20 世紀初頭の映画と、20 世紀半ばのテレビの登場は、学校の授業を変えていきました。

アメリカの教育者のデール（Dale, E.）は、子どもの経験を重視する新教育運動を背景に、直接的な体験を言語レベルに高めていく展示やテレビ、映画等の視聴覚教材の概念を示し（図 7-1）、戦後の教育改革期にあった日本の映画や写真、スライド等の教材を活用した教育方法に影響を与えました。

伝統的に学校は、書物や公文書に刻まれる「書きことば」の教授を目的としてきました。

図 7-1　デールによる経験の円錐
（デール，1957）

いわばフォーマルな言語に基づく（language-based）教育が行われる過程で、日常の生活経験や「話しことば」に近く、文字より親しみやすい視聴覚資料・情報を用いた学習は、実物に基づく（object-based）学びとして、教師が様々な工夫を行って授業に取り入れました。

しかし、20 世紀の当時は最新の視聴覚教材であった映画や教育テレビ等は、いわば既に決まっている学習内容を効果的に伝えることを目的とする、教師が中心の一斉授業の補強に止まったのではないでしょうか。さらに進化したICT を活用した 21 世紀の学習スタイルは、文字情報に限らない教材を生かして、体験型や参加型のスタイルが可能になることが期待されています。

2　個に応じた学習プログラムの考え方の歴史

一方で学校教育は、人間が築いた文化・自然・社会の遺産を背景として、それぞれが学術体系をもつ教科ごとの学習内容と、子どもが自立して生きていくための基盤となる知識・技術の修得を支える必要があります。

たくさんの知識を確実に修得するための、子ども一人ひとりに対応できる教

育メディアの先駆けが「ティーチング・マシン」です。20世紀半ばより、当時の学習心理学の理論とメディア技術をもとに開発されました。行動分析学を提唱したスキナー（Skinner, B. F.）のプログラム学習理論に基づくマシンが普及し、コンピューター支援学習（Computer-assisted Instruction ; CAI、またはComputer-based Training ; CBT）と呼ばれてきました。

　スキナーは動物のオペラント行動（道具的条件づけ）をもとに、認識の段階を追ったプログラムによって子どもを「望ましい行動」に導くフレームワークを考えました。動物が有する、刺激（S）を受けて反応・行動する（R）という、S-Rの連合を強めようとしたのです。そこで、学習情報の提示①→学習者の反応①→学習情報の提示②→学習者の反応②、といったマシンと学習者の二方向のやり取りを繰り返し、学習目標の達成を目指していきます。子どもが効果的に学習できるように精緻なシナリオが用意され、例えば、学習者が誤答せずに成功感（心理的な報酬）を得て意欲を高められる「正」の強化や、段階的かつ即時に評価・フィードバックを与えて反応を強化できる「スモール・ステップ」の手法などが考案されています。

　ティーチング・マシンの原理は、語学学習用のLL教室（Language-laboratory）やCALL（Computer-aided Language Learning）のシステムをはじめ、ドリル学習や通信での学習などで活用されています。

　こうした個別指導システムには根強い批判もあります。子どもに画一的な知識や思考様式の修得を強いるのではないか、ネズミのようにボタンを押して、結果に喜んでまたボタンを……と繰り返すのは非人間的な餌づけではないか、というのが主な批判です。たしかに人間の行動は、直線的な刺激・反応図式で説明できない複雑さをもっています。「食べ物を見たから食べる」のではなく、その日の気分や好みも重要な要素です。また、当初のプログラムは「逃げ」のない構造でした。「負の強化」である誤答は回避され、問いの答えを入力しないと次に進めないため、白紙回答は「あり得ない」のです。

　ICTを活用したシステムは、1970年代以降の認知科学の発達により、単純性への批判を跳ね返しています。学習は、生理的なS-R連合で形成された知識

の寄せ集めではありません。認知科学において学習は、個人が既にもつ知識を確かめ、修正する過程として考えられています。この理論とICT技術の発達は、学習プログラムの構造を変化させました。誤答をもとに知識の「ずれ」を修正して要素を補うこともできます。細かな設定やフィードバックが必要ですが、行きつ戻りつの分岐型プログラムが自由に組めます。ロールプレイングゲーム（RPG）も例のひとつです。ゲーム機の画面上の人物（キャラクター）を動かし、臨場感の中で物語を展開させるゲームソフトで、他のプレーヤーも参加できるものや、叙情性が高く「勝ち負け」がないものもあります。

3 ICTを活用した参加・協同型の学びのスタイル

「学力」の概念も変化しています。「コンピテンシー」と言われるように、既に決まった学習内容を知識・技能として受け取る、単なる「修得」の評価に止まらず、修得した知識・技能を子ども自身が様々な場面で「どのように生かすか」が問われています。このような学力の修得は、個人で学ぶだけでなく、子ども同士や大人、専門家との協働が必要となります。

参加・協同型の学びのスタイルの意義については、20世紀前半の旧ソ連の心理学者、ヴィゴツキー（Vygotsky, L. S.）の学習理論が1970年代以降も注目されてきました。ヴィゴツキーは、規定の発達レベルを最終目標とせず、学習の出発点を教師や子ども同士のコミュニケーションに置く学習モデルを示しました。子どもは他者から受けた知的刺激（到達目標）を、メディア（概念、資料など）を用いて内的に深化させます。深化の伸び代は「発達の最近接領域（zone of proximal development）」と呼ばれ、この領域に合った学習環境を用意し、発達の伸び代を増やすことが教師の役割だとされました。

1990年代には認知科学者の佐伯胖が、アメリカの人類学者、レイヴ（Lave, J.）等が示した「状況に埋め込まれた学習（situated learning）」の考え方を紹介しました。もともと学習は、特定の共同体の労働や生活（状況）を維持・発展させるために組織される活動です。この共同体モデルでは、新参者も大切な構成員です。ベテランの職人のために作業の下準備や身の回りの世話を整え、未

来の職人を目指してベテランの技を見よう見まねで体得し、新人ならではの斬新なアイデアを提案するなど、周辺的ながら、共同体に必要な役割を担います。もっとも学校教育は生活のための共同体とは異なりますが、共同体を「学校」に、新参者を「子ども」に例えると、参加・協同型の学びのスタイルの意義と可能性が見えてくるのではないでしょうか。

　参加・協同型の学びのスタイルは、古くから教育者が描く夢でした。それは20世紀初頭の新教育運動が目指した教育方法であり、20世紀半ばに南北のアメリカで活躍した教育者、イリイチ（Illich, I.）が「脱学校化（de-schooling）」と呼んだ、学習者自らの主体的なネットワークづくりの考え方につながります。ICTは、これまでの教育運動が十分になし得なかった参加・協同型の学びのスタイルを、ネットを生かして豊富な学習資源（リソース）とコミュニケーション手段を得て実現されることが期待されます。

4　未来の教室のイメージ

　ICTを生かした参加・協同型の学びのスタイル、また①2で触れた、国が提唱する「個別最適な学びと協働的な学びの一体的な充実」は、どのような施設・設備や教材・教具により実現されるのでしょうか。

　目指すべき教室のすがたは、文部科学省が設置した学校施設の在り方に関する調査研究協力者会議による報告（2022）が参考となります。この報告は'Schools for the future'を副題に掲げ、建築や情報技術、特別支援教育、地方行政等の様々な視点から「未来志向」を打ち出しました。学校施設全体を学びの場として捉え、教科を横断的に学び、場合によっては時間や空間の枠のない、「柔軟で創造的な学習」を実現させるために、多目的スペースをつないで児童生徒がグループや個人で様々な学習スタイルを取ることを可能としたり、高機能なコンピューターが使える特別教室をつないで「デザインラボ」としたりする空間イメージ例が示されています。また、学校図書館とコンピューター教室をつないで読書・学習・情報のセンターとする「ラーニング・コモンズ」のイメージも注目されます（図7-2）。

図7-2 「ラーニング・コモンズ」の空間イメージ図

出典：（文部科学省）学校施設の在り方に関する調査研究協力者会議、令和4年3月「新しい時代の学びを実現する学校施設の在り方について（最終報告）」別添1、49頁

　未来の教室においては、従来の「同期・集合」型の一斉の学習活動に加え、学校・教室の空間や時間、教科の枠を超え、様々な学習資源や「教師」に自らアクセスする学びを支える施設・設備が不可欠と言えるでしょう。

5　多様なデジタル・コンテンツの活用

　今日では多様な情報がネット上にあふれ、それらを教室内の装置だけでなく、手元のPCやスマホで閲覧できます。意図的、また無作為に、時には悪意をもって作られたデータが膨大に広がる「情報の海」の中で子どもが安全・安心に学習活動を行うために、教師は適切なデジタル・コンテンツを選別し、子どもに危害を与えかねないハザードは取り除く必要があります。

　むろんネット上には学習活動に役立つ良質な情報や情報源も無数にあり、それらを積極的に活用することは、学校・授業外での発展的な学びの促しにつながります。高品質で信頼できるコンテンツには、2019（平成31）年より国立国会図書館が運用する、デジタルアーカイブのプラットフォームである「ジャパ

ンサーチ」が挙げられます。2023年現在で200以上のデータベースと連携し、3,000万近くのデータを収録しています。例えば「鎌倉」と検索すると、鎌倉に少しでも縁のある美術作品や写真、文書等の他、情報を提供した機関の情報が一挙に提示されます（図7-3）。画像データで示されるため、その領域の専門知識がなくても視覚的にわかりやすく閲覧できます。

　専門のデジタルアーカイブも充実しています。例えばジャパンサーチの連携先のひとつである文化庁が運営するポータルサイト「文化遺産オンライン」は、国宝や重要文化財の高精細画像を多言語で閲覧できます。デジタルビューア機能では、一般の利用者が見て楽しめるように工夫されています（図7-4）。

　2020年からほぼ3年に及んだコロナ禍では、学校に加え博物館等の施設も利用が制限されました。学びを制限しないための対策として、多くの博物館は、家庭で閲覧できるデジタル・コンテンツを充実させました。例えば国立科学博物館（東京都台東区）は、ネット上の「展示室」をカーソルを操作して進み、資料を高画質の3Dビューで見られ、解説も表示されるWebサイトを開

新編鎌倉見聞誌
所蔵・所在: 国立国会図書館
つなぎ役: 立命館大学アート・リサーチセンター
ARC古典籍ポータルデータベース
PDM

頼朝三代鎌倉記 5巻
自笑, 1712, 正徳02,
所蔵・所在: 国立国会図書館
つなぎ役: 立命館大学アート・リサーチセンター
ARC古典籍ポータルデータベース
PDM

壺（神奈川県鎌倉市字極楽寺東隣出土）
常滑, 坂間忠次郎氏寄贈, 東京国立博物館 鎌倉時代・13〜14c? 神奈川県鎌倉市 極楽寺東隣出土
所蔵・所在: 東京国立博物館
つなぎ役: 独立行政法人国立文化財機構
ColBase
CC BY(表示)

鎌倉古文書断簡
AD14
所蔵・所在: 斯道文庫
つなぎ役: 慶應義塾大学
Keio Object Hub
CC BY(表示)

鎌倉由井ヶ濱 YUIGAHAMA　O F　KAMAKURA
明治, 1903
所蔵・所在: 鎌倉市中央図書館
つなぎ役: 国立国会図書館
鎌倉市図書館近代史資料室
CC BY(表示)

図7-3　ジャパンサーチの検索画面例（ジャパンサーチ（jpsearch.go.jp），2023年9月）

図7-4　（文化庁）文化遺産オンラインのトップページ
（文化遺産オンライン（bunka. nii. ac. jp），2023 年 12 月）

設しました。これらのサイトは 2023 年以降も活用されています。

③　ICT と情報リテラシーの学び

　情報リテラシーは、いわば ICT の読み書き能力で、今日と未来の社会を生きるための基礎学力です。ICT を活用するスキルとともに、ICT や情報の性質と、これらを扱う際の留意点と倫理の学びは不可欠です。

1　ICT と情報リテラシーの学びがなぜ必要か

　社会の情報化が進み、子どもが最新のメディアを使いこなす一方で、学校はなぜ ICT の導入に慎重なのでしょうか。

　ひとつには、②1 で触れた通り、「学校は「書きことば」を学ぶ場だから」という理由があります。フォーマルな場で通用し、書物や公的文書を読み書き

できる言語能力の修得が目指され、文字を扱う学習内容・方法が中心となってきました。2022年に誕生した生成AIのアプリケーション「ChatGPT」が世界各国で教育現場での利用制限が議論される理由も、子どもが「書きことば」を体得する過程を奪ってしまうおそれがあるためです。「経験の円錐」（図7-1）でデールが示したような、子どもの経験を、学習活動やメディアを通して言語へと昇華させていく学習モデルを考えると、AI（人工知能）が「書きことば」を子どもの代わりに作ってしまうと、子ども自身が経験や知識を咀嚼して言語に昇華させ、文章を創造していく力が育たないことが懸念されます。

　また、ネット上には有象無象の情報・データがあることも、懸念材料のひとつです。メディア技術の発達は、フォーマルな言語とは異なる「話しことば」の世界を一層豊かにしました。だからこそ今日では、ネット空間であふれるような情報や刺激を制御しながら受け止め、自らも情報を発信する、極めて高度な情報リテラシーを身に付けることが求められています。

　デジタル・データやネットの性質についても理解が必要です。例えば幼児は、アニメの「人物」に憧れたり、ゲーム機の中の「生き物」を育てたりします。遠方で暮らす親戚とビデオ会議システムの画面を通して話し、古代の世界や海の風景が繊細に再現された動画を見ることもあるでしょう。現代の子どもは、現実と仮想の世界を行き交いながら、人間と画面上のキャラクターを区別し、「ここに存在する」、「虚像である」といった認識を得て、成長していきます。そのような区別や認識の修得は、現代の子どもに不可欠なリテラシーであり、基礎学力であると言えます。

2　情報リテラシーの学びの領域

　情報リテラシーの学びにおいては、生成AIを含めて最新の知識・技術とともに、ICTが心身に与える影響や倫理面の問題も学んでいく必要があります。

　[1]1で見た通り、近年ではスマホやゲームの利用の長時間化と低年齢化が問題視されています。世界中から届く情報や刺激的な映像の視聴と、ネット上で「相手」との交流に費やす時間と過度な依存（アディクション）が、子どもの言

語や精神面の発達に影響を与えることは、大人と子どもが留意する必要があります。情報源やツールを自分では選択できない乳幼児を対象に作られた「教育用」のコンテンツや機器も増えています。

　青少年は仲間の関係を深めるツールとしてスマホやSNS等を使っています。また、学校や家庭等以外の「居場所」として機能することもあります。一方で深刻な「ネットいじめ」が懸念されます。ネットの匿名性や曖昧さを悪用した集団行為がエスカレートし、個人批判や画像を含む個人情報の拡散を「気軽に」行ってしまう問題は見過ごせません。最新のメディア環境と適切に付き合うためのルールを子ども自身が考え、実践する必要があります。

　ICTは子どもが自ら情報（コンテンツ）を作り、発信する可能性も広げました。３Dプリンターを使うデジタル・ファブリケーションの技法も体得すれば「ものづくり」もできます。これからの情報リテラシーの学びは、情報の受け手としてだけではなく作り手として多様な仲間と協働し、ルールづくりも担う主体としての意識と実践力が求められるでしょう。

■参考・引用文献

イリイチ、イヴァン　渡辺京二他訳　（2015）　コンヴィヴィアリティのための道具　筑摩書房.

中央教育審議会　（2021）「「令和の日本型学校教育」の構築を目指して（答申）」.

デール、エドガー　西本三十二訳　（1957）　デールの視聴覚教育　日本放送協会.

内閣府　（2023）　青少年のインターネット利用環境実態調査　調査結果.

（文部科学省）学校施設の在り方に関する調査研究協力者会議　（2022）　新しい時代の学びを実現する学校施設の在り方について（最終報告）.

レイヴ、ジーン・ウェンガー、エティエンヌ　佐伯胖訳　（1991）　状況に埋め込まれた学習：正統的周辺参加　産業図書.

Chapter 8
教師に求められること

① 教師と子どもの人間関係

1 今、教師に求められること

　近年、子どもを取り巻く環境は大きく変化しており、それに伴って生徒指導上の課題がより一層深刻化している状況と言われています。そこで、本章では、教師と児童生徒との人間関係や学級集団の特徴について概観し、「生徒指導提要（改訂版）」を引用しながら、最近の教育上の課題に対して、今、教師にどのような対応が求められているか考えていくことにしましょう。

2 教師の役割

　まずは、教師の役割とは何でしょうか。教師には、（1）学習指導者、（2）集団指導者、（3）児童・生徒指導者（相談活動などを含む）としての役割があると言われています。学習指導者の役割とは、知識の伝達を行うことで、学習者に成果があるような教授法の工夫・充実が求められます。集団指導者の役割とは、学級集団を統制・指導することで、学級集団の力学的な関係を理解し、どのような学級を作っていくかを考え、実践することが求められます。児童・生徒指導者の役割とは、学校給食での食事指導といった学校生活に関する様々な事柄への指導や、不登校の状況にある児童生徒への個別対応などといった相談活動で、個別および、集団への対応や支援が求められます。

　そして、どの役割にも、まずは、教師が子どもを信頼し、同時に、子どもか

らも教師が信頼されているという信頼関係を築くことが重要となります。では、教師による児童生徒へのかかわり方には、どのようなものがあるでしょうか。まず、（1）学級集団全体を対象にしたかかわり、（2）個別指導の時に、児童生徒個人を対象としたかかわり、が思い浮かぶでしょう。しかし、さらに、（3）学級集団の中にいる児童生徒個人を対象としたかかわりもあります。

　三島・淵上（2010）は、今日の教育上の問題を解決するには、学級集団が重要な場であり、その中での教師のかかわりが重要であり、特に、（3）のかかわりが重要としています。（3）のかかわりの特徴は、教師が、ある個人にかかわりや指導したことが、実は、対象者以外の児童生徒にも観察されており、学級集団全体に対しても良い（または、悪い）影響を及ぼすことです。これを「モデリング効果」と言います。さらに、図8-1は、教師と子どものかかわりを図にしたもので、そのかかわりは、一方向ではなく、教師も子どももお互いに影響を受け、変化する相互作用だということがわかるでしょう。それによって学級集団も変容し、学級集団が成り立っているのです。

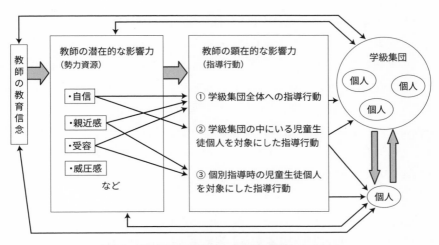

図 8-1　学級集団、児童生徒への教師の影響力のプロセス
（三島・淵上，2010 をもとに筆者が作成）

3 教師と子どもの関係性

　教師と子どもの関係性の中には、次に挙げるような、無意図的に起こるものがあることも忘れてはならないことです。

　(1)　**ピグマリオン効果**　　この理論は、ギリシャ神話に登場するピグマリオンというキプロス王の話がもととなっています。ピグマリオンは、象牙で女性像を彫っていたところ、あまりの美しさに、その像に恋をして深い愛情を注ぐようになりました。そして、その像が人間になるようにと願い続けるようになりました。やがて、女神がその願いを聞き入れ、彫像には生命が吹き込まれ、王と幸せに暮らしたという話です。このように、教師が期待をもって、願いを子どもに注ぎ込むと、その願いが実現するということを「ピグマリオン効果」と言います。

　実際に、ローゼンタールとヤコブソン（Rosenthal & Jacobson,1968）は、ある小学校で実験を行いました。まず、「将来、急激に能力がのびるはずの子どもだ」と、クラスの子どもの名前を先生に伝えました。実際は、ランダムに抽出した子どものリストでした。しかし、あとで知能検査をした結果、リストに挙げられた子どもは、その他の子どもに比べて、IQ が有意に高くなっていたのです。つまり、ピグマリオン効果が見られたというのです。

　この実験の後、ブロフィーとグッド（Brophy & Good,1974）が再度実験したところ、教師は、期待した子どもには、賞賛やヒントなどを他の子どもよりも多く与えたりするなど、望ましい結果を引き出すかかわりをしていたことがわかりました。逆に、教師は、期待していない子どもに対しては、望ましいことをしていても、適切なフィードバックをしていなかったのです。このように、教師からのマイナスの期待が子どもにマイナスの影響を及ぼす危険性もあることを認識していることが大切です。

　(2)　**ハロー効果**　　時として、私たちは、他者を認知する時に、本来とは関係のないはずの他の観点の知識から影響を受けてしまい、目的とする観点について的確に判断できなくなることがあります。これを「ハロー効果」と言います。教師に当てはめてみると、例えば、成績の良い子どもは性格まで望ましい

と高く評価したり、好意的な感情をもっている子どもの行動は何でも過大評価したりするようなことを言います。逆の場合もあり、嫌悪感を抱いている子どもに対しては、何でも過小評価したりすることがあります。よって、教師は、自分のもっている価値観によって評価が歪むことがあることを認識し、客観的な視点を忘れないように心がけることが大切です。

② 教師と学級集団

1 学級集団の構造

ここで、学級集団の特徴について理解し、学級集団への教師の影響を学んでいきましょう。学級とは、学校教育の目的を達成するために編成された、制度としての組織です。このように社会的組織の中に、公に設定された集団を「フォーマル・グループ（formal group）」と言います。もうひとつ、学級集団の中には、友人集団のような、自然発生的・私的な集団で、成員同士の心理的相互作用によって結びついている集団があります。これを「インフォーマル・グループ（informal group）」と言います。学級集団は、これら二重の構造をもっており、インフォーマル・グループの成立が、フォーマル・グループの目標達成を促進したり、妨害したりもしています。

また、学級集団は、教師も児童生徒も、お互いに相手を選択することはできずに集まった集団であり、その集団の中で、共通の目標に向かってお互いに相互作用していくことになります。すると、徐々に、学級集団の中に、一定のルールが出来上がってきます。これを「集団規範」と言います。また、集団の成員が所属集団に魅力を感じている程度を「集団凝集性」と言います。例えば、学級全体で価値観を共有できていて、お互いに好意をもっていて、活動の目標や内容が魅力的で、一人ひとりが集団活動に積極的・協力的で、かつ、平等に意思決定できていることなどの特徴が見られる学級は、集団凝集性が高い学級と言われています。ただし、集団凝集性の高さが、必ずしも教育的な望ましさとは同じではありません。その集団が何を目指し、そのために、どのよう

に集団を発展させるかが教師に委ねられています。

2 学級集団の形成過程

　学級集団がどのように形成されるかについては、統一された理論がありません。そこで、いくつかをまとめて述べていきます。

　まず、小学校低学年あたりまでは、各自が与えられた役割活動を遂行することで成り立っている集団という特徴があります。この時期は、基本的なルールや対人関係スキルの習得を目指すような指導・援助が教師に求められています。

　続く、小学校高学年あたりには、自己や他者に関する理解が深まり、友人や学級のことを考えた行動が見受けられるようになります。特に、ギャング・エイジとも呼ばれるこの時期は、教師や親よりも、仲間集団に同調することが多くなります。こうして、自発的・自治的な言動から集団が成り立っていく時期と言われます。そこで、教師には、個別児童への支援・指導をしながらも、ある程度までは、児童の自主性に任せて学級づくりを行い、集団活動だからこそ得られる達成感・満足感を獲得できるように促すことが求められています。

　さらに、中学・高等学校では、生徒会活動やボランティア活動などといった、より自発的・自治的な活動や、社会貢献的な活動への意欲が見られるようになり、生徒自身が学級を作っていく側面がより強くなる時期と言われています。このように、教師には、学級集団の発達段階による特徴を理解した上で、個人や学級集団にかかわることが求められます。

③ 子どもにとっての学級集団

1 居心地の良い学級と学校適応との関連

　学級集団の質や学級のもつ雰囲気は、子どもの学習意欲や、学校適応、学級規範などに大きく影響を及ぼすと言われています。子どもにとって居心地が良く、自分の居場所と感じられるような学級の存在は重要です。このような学級を運営することも教師の役割と言えます。

小野寺・河村（2002）は、中学生を対象として、学級内での自己開示と学級適応の関係について調べました。その結果、学級の親友・学級全体・学級担任のどの対象に対しても自己開示度が高い生徒は、学校生活に満足していることが明らかとなりました。つまり、学級集団内での自己開示が、学級での適応を促進していることが示唆されたのです。ただし、自己開示をする際の注意として、はじめから深い自己開示を望むのではなく、各生徒の長所や身近で共通性のある話題を話すような教師の工夫が必要と指摘しています。自己開示したくない生徒に対しては、無理強いをさせることのないような注意が必要で、そのような学級の雰囲気が子どもにとって心地よい学級になると言えるでしょう。

2　学級集団への予防的なかかわり

　近年、事案が発生してからの対応のみならず、未然防止、早期発見、早期支援・対応、さらには、事案が発生した時点から事案の改善・回復、再発防止まで一貫した支援に重点を置いたチーム支援体制を作ることが求められています（文部科学省，2017）。

　そこで、様々な課題に対する未然予防的な教育を実施したり、人間関係を育成したり、集団凝集性を高めたりするために、学級集団を積極的に活用するようになりました。例えば、「構成的グループ・エンカウンター」、「ソーシャルスキル・トレーニング」、「アサーション・トレーニング」などといった心理・教育的プログラムを学級集団に実施するなどという形で導入されています。

　「構成的グループ・エンカウンター」とは、子どもの人間関係づくりや集団適応の支援、自己・他者理解、自己・他者受容をねらいとして、自己開示を促進するような内容の「エクササイズ（体験活動）」を行うものです。活動後には、「シェアリング」といった、活動後の感想や気づきを班や学級全体で分かち合う作業を行います。継続して実施することによって、個々の子どもの人間関係力が向上していき、それが学級の雰囲気も変え、やがて学級が、各個人の「居場所」となる安心できる集団へと変化していくと言われています。このような活動では、自己開示が促進される子どももいれば、逆に、拒否反応を示す

子どももいます。筆者はそのような多様性が存在していてよいと考えます。多様性を受け入れるような柔軟性が学級集団にあり、拒否反応を示した子どもも、学級や学校適応感を感じられるということが大切ではないかと考えるからです。様々な課題に対する予防教育や、早期発見・早期対応は、子どもにとって居心地の良い学級や自分の居場所と感じられる学級という土台がある上で、効果が発揮されます。ゆえに、教師には、個別のニーズへの対応のみならず、学級集団の経営も強く求められているのです。

4 教師像、教師に求められる資質能力

　中央教育審議会（2022a）は、「令和の日本型学校教育」を担う教師の養成・採用・研修等の在り方について審議し、教師に関して改革の必要がある事項およびその方向性を示した答申を2022年12月に発表しました。以下で、その答申に示された「今後の改革の方向性」と「令和の日本型学校教育を担う教職員像」、および「教師に求められる資質能力」について解説していきます。

1　今後の改革の方向性
　教師に関して改革の必要がある事項およびその方向性として、①「新たな教師の学びの姿」の実現、②多様な専門性を有する質の高い教職員集団の形成、③教職志望者の多様化等を踏まえた育成・安定的確保の3つの柱が提示されました。

2　教職員像、および教師に求められる資質能力
　中央教育審議会（2022a）は、前述の改革を実施していく際に望まれる教職員像、および教師に求められる資質能力について、表8-1、および表8-2のようにまとめています。
　教師像については、子ども一人ひとりの発達や成長を最大限に引き出し、さらに子どもが主体的に学ぶことを重視し、その際に伴奏者として発達・成長す

ることを支援する教師像が求められることがわかります。そして、外部機関の人々や、SC や SSW などの専門スタッフなどと連携し、チーム学校として支援に当たることができる教師ということが強調されています。また、子どもたちの多様化（例えば、特別支援、外国人児童生徒、特定分野に特異な才能のある児童生徒など）と社会の変化といった様々な変化を受け止めて、その変化に応じた対応を実践していく教師像が示されています。多様な子どもの理解や、変化に応じた対応などについては、生涯にわたって学び続け、常に教師としての資質・能力の向上を図ることの重要性にも触れています。

　次いで、教師に求められる資質能力については、①教職に必要な素養、②学習指導、③生徒指導、④特別な配慮や支援を必要とする子どもへの対応、⑤ICT や情報・教育データの利活用の5項目に再整理されました。以下で、これら5つの柱のうちの③生徒指導に焦点を当てて、具体的にどのようなことが求められるか、考えていきましょう。

表 8-1　令和の日本型学校教育を担う教職員像

・変化を前向きに受け止め、教職生涯を通じて学び続ける
・子供一人ひとりの学びを最大限に引き出す役割を果たす
・子供の主体的な学びを支援する伴走者としての能力も備えている
・多様な人材の教育界内外からの確保や、教師の資質・能力の向上により、質の高い教職員集団を実現する
・多様な外部人材や専門スタッフ等がチームとして力を発揮する
・教師が創造的で魅力ある仕事であることが再認識され、教師自身も士気を高め、誇りを持って働くことができる。

（中央教育審議会，2022b をもとに筆者が作成）

表 8-2　令和の日本型学校教育を担う教師に求められる資質能力

① 教職に必要な素養	② 学習指導	③ 生徒指導
④ 特別な配慮や支援を必要とする子供への対応		⑤ ICT や情報・教育データの利活用

（中央教育審議会，2022b をもとに筆者が作成）

5　生徒指導

1　生徒指導

　生徒指導とはどのようなことをするのでしょうか。参考となるのは「生徒指導提要（改訂版）」（文部科学省，2022）です。生徒指導は、学校の教育目標を達成する上で重要な機能を果たすものであり、学習指導と並んで学校教育において重要な意義をもつものです。生徒指導というと、厳しい指導をするなどというイメージがあるかもしれませんが、生徒指導提要（改訂版）では「児童生徒が、社会の中で自分らしく生きることができる存在へと、自発的・主体的に成長や発達する過程を支える教育活動のことである。なお、生徒指導上の課題に対応するために、必要に応じて指導や援助を行う。」と定義されています（文部科学省，2022）。つまり、特定の児童生徒への指導などではなく、すべての児童生徒の成長や発達を支え、充実した学校生活が送れるよう支援することと言えます。

2　生徒指導提要（改訂版）

　「生徒指導提要」とは、小学校段階から高等学校段階までの生徒指導の理論・考え方や実際の指導方法等についてまとめられた、生徒指導に関する学校・教職員向けの基本書です。2010年に初めて作成され、今日的な課題に対応していくため、12年ぶりの改訂版が公表されました。改訂版はデジタルテキストとしての活用が想定されていて、ネット上で公開されています。以下、引用しながら解説します。

　生徒指導は、児童生徒一人ひとりの個性の発見とよさや可能性の伸長と社会的資質・能力の発達を支えると同時に、自己の幸福追求と社会に受け入れられる自己実現を支えることを目的としています。「発達を支える」とは、児童生徒の心理面（自信・自己肯定感等）の発達のみならず、学習面（興味・関心・学習意欲等）、社会面（人間関係・集団適応等）、進路面（進路意識・将来展望

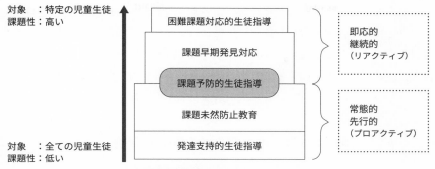

対象　：特定の児童生徒
課題性：高い

困難課題対応的生徒指導

課題早期発見対応

課題予防的生徒指導

課題未然防止教育

発達支持的生徒指導

即応的
継続的
（リアクティブ）

常態的
先行的
（プロアクティブ）

対象　：全ての児童生徒
課題性：低い

図 8-2　生徒指導重層的支援構造（文部科学省，2022 をもとに筆者が作成）

等）、健康面（生活習慣・メンタルヘルス等）の発達を含む包括的な支援を言います。

　生徒指導提要では、生徒指導の支援構造を 4 層に整理しています（図 8-2）。第 1 層は、すべての児童生徒に対して、日常的に、様々な場面で個々の発達・成長を促すようなかかわりや支援を行うような「発達支持的生徒指導」です。第 2 層は、すべての児童生徒に対して、様々な課題を未然に防止することを目的とした心理教育プログラムを実施したりするような「課題未然防止教育」です。第 3 層は、問題の早期発見・対応を行い、問題の深刻化を防ぐような「課題早期発見対応」です。この第 2 層と第 3 層を「課題予防的生徒指導」としています。そして、第 4 層は、いじめ、不登校などへの対応を、学校だけでなく、他の専門機関と連携しながら行うような「困難課題対応的生徒指導」です。

3　生徒指導と教育相談

　ところで、教師による支援として、教育相談も思い浮かべると思います。では、両者はどのような関係性があるのでしょうか。教育相談は、生徒指導から独立した教育活動ではなく、生徒指導の一環として位置づけられ、その中心的役割を担うものとされています。

　教育相談は、主に個に焦点を当てて、個別やグループによる面接などを通し

て個の内面の変容を図ることを目指しています。一方、生徒指導は、主に集団に焦点を当てて、学校行事や体験活動などにおいて、集団としての成果や発展を目指し、集団に支えられた個の変容を図る教育活動です。 様々な課題への対応においては、生徒指導と教育相談が一体となって行うことが重要となります。

6　教師による対応が求められる様々な課題

1　様々な課題

　生徒指導提要の中で、重要な課題として以前から挙げられているのが、いじめ、暴力行為、少年非行（喫煙、飲酒、薬物乱用）、児童虐待、自殺、中途退学、不登校、インターネット・携帯電話にかかわる問題です。

　そして、文部科学省（2022）は、生徒指導提要（改訂版）の中で新たに、①性に関する課題（性犯罪や性暴力対策の強化や早期発見・対応、性被害者の心身のケア、性的マイノリティに関する理解と対応）、②多様な背景を持つ児童生徒への生徒指導（発達障害に関する理解と対応、うつ病や統合失調症、不安症群や摂食障害などといった思春期から青年期に多く見られるようになる精神疾患に関する理解と対応、心身の健康課題に関する理解と対応、支援を要する家庭状況へのかかわり）も、重要な課題として提示しました。このような多様な課題に対処していくことが教師に求められています。

2　児童の権利に関する条約の理解

　これらの課題を実践する上で教師は「児童の権利に関する条約」の中の4つの原則について理解しておくことも重要です。4つの原則とは具体的に、①差別の禁止：児童生徒に対するいかなる差別もしないこと、②児童の最善の利益：児童生徒にとって最もよいことを第一に考えること、②生命・生存・発達に対する権利：児童生徒の命や生存、発達が保証されること、④意見を表明する権利：児童生徒は自由に自分の意見を表明する権利をもっていることを指し

ます。

3 幼児教育と小学校教育の円滑な接続

幼児教育と小学校教育の円滑な接続についても理解し、幼稚園・保育所・認定こども園と小学校の教職員が連携をし、協働して円滑な接続の在り方について考えることも重要となります。幼児教育の成果が小学校教育へと引き継がれ、子どもの発達や学びが連続するようにすることが不可欠だからです。

4 学校や家庭、地域、他の専門機関との連携・協働

様々な課題の原因は、複雑に絡み合っており、どれと特定できないのが現状です。しかも、きっかけや原因が見出されたとしても、簡単に問題が解決しないことも多いのが現状です。つまり、原因追求による問題解決には限界があると言えるでしょう。ゆえに、筆者は、安易に、効果的な具体策を述べることはできないと考えます。

では、実際の対応はどうするのか。今までも本章の中で述べてきた通り、多様性や複雑性を増大させつつある子どもについて把握し、問題を取り巻く環境要因である友人や教師との関係、学級との関係、学級の状態、家庭要因などを検討し、教員個人や学校だけで対応するのではなく、家庭や地域の協力を得て、協働しながら継続的に対応を探っていくことが重要だと筆者は考えます。また教師ひとりで対応するには限界があります。そこで、「チーム学校」として学校全体で対応することが大切です。必要な場合は他の専門機関とも連携を取り、教師や学校、家庭、地域、専門機関などがお互いにエンパワーしながら、協働していく姿勢が今後、ますます求められると言えるでしょう。

■参考・引用文献

Brophy,J.E., & Good,T.L. （1974） *Teacher-student relationships: Causes and consequences.* New York: Holt,Rinehart and Winston.
中央教育審議会 （2022a） 『令和の日本型学校教育』を担う教師の養成・採用・研修等のあり方について——「新たな教師の学びの姿」の実現と、多様な専門性を有する質の高

い教職員集団の形成（答申）【本文】　文部科学省.

中央教育審議会　（2022b）　『令和の日本型学校教育』を担う教師の養成・採用・研修等の
　あり方について——「新たな教師の学びの姿」の実現と、多様な専門性を有する質の高
　い教職員集団の形成（答申）【概要】　文部科学省.

三島美砂・淵上克義　（2010）　学級集団，児童・生徒個人に及ぼす教師の影響力や影響過
　程に関する研究動向と今後の課題　岡山大学大学院教育学研究科研究集録, 144, 39-55.

文部科学省　（2017）　児童生徒の教育相談の充実について——学校の教育力を高める組織
　的な教育相談体制づくり（報告）　教育相談等に関する調査研究協力者会議　文部科学
　省.

文部科学省　（2022）　生徒指導提要　東洋館出版社.

小野寺正己・河村茂雄　（2002）　中学生の学級内における自己開示が学級への適応に及ぼ
　す効果の研究　カウンセリング研究, 35, 47-56.

Rosenthal,R., & Jacobson,L.　（1968）　*Pygmalion in the classroom: Teacher Expectation
　and Pupils' Intellectual Development.* New York: Holt, Rinehart and Winston.

Chapter 9

生きていく力

① 生きていく力とは

1 生きづらさを抱える子どもたち

　日本の子どもをめぐる状況が深刻化しています。世界全域の0〜14歳の人口割合（国連推計）は25.4％ですが、わが国では11.9％にまで低下し、2065年には10.2％になると推計されています（内閣府，2022）。子どもの数が減っているにもかかわらず、小中高校生の自殺者数は増加しています。10代や20代といった若い世代の死因第1位が自殺という国は、G7参加国中、日本だけです（厚生労働省，2023）。ユニセフ・イノチェンティ研究所（2021）の調査では、日本の子どもの精神的幸福度が38カ国中37位という厳しい結果が示されました。

　1996年、文部省（当時）が中央教育審議会第一次答申で「生きる力」という言葉を掲げて以来、「生きる力」の育成は日本の教育の目標とされてきました。しかし汐見（2011a）は、子どもたちの「生きる力」の育ちに問題が生じているならば、その責任が大人たちのすすめてきた教育にもあるという自覚なくしてバランスのとれた「生きる力」を本当に育てることなどできないと述べています。佐貫（2009）は、「生きる力」が奪われている社会構造や、そういう構造にとらわれた生き方の組み換えが課題化されることなく、自己責任の論理でハイパー・メリトクラシー[1]の世界への挑戦が課題化されていくことを危惧しています。子どもたちの問題は、大人たちの問題でもあるのです。

　「生きる」には、まず「生きている」といういのちの保障が必要です。そし

て、その上に、「生きていく」という意識的・動的な活動の展開があります（時実，1970）。無気力、不登校、引きこもりなど、現代の子どもたちが呈する問題は様々ですが、桜井（2000）は、その背景には2つの大きな不安――「自分はダメな人間ではないかという不安」と「まわりの人たちから受容されていないのではないかという不安」――があることを指摘しています。

　10年先、20年先、今の子どもたちが大人になる頃、社会はどんな姿を見せることになるのでしょうか。本章では、先行き不透明な時代であっても子どもたちが必要以上に不安にさいなまれることなく、自分の人生を豊かに「生きていく」ために必要となる力について、心理学的観点から考えてみましょう。

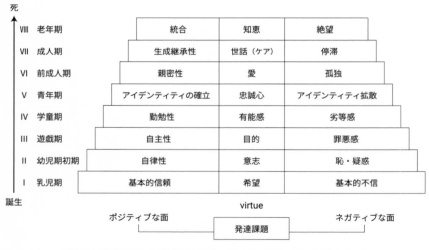

図 9-1　エリクソンのライフサイクル（やまだ・西平，2003 をもとに作成）

1）本田（2005）は、現代社会では、メリトクラシー（業績主義）が重視する基礎学力や組織への順応性、協調性などに加えて、意欲や独創性、ネットワーク形成力など個人の人格や情動の深い部分に根ざした能力が求められていると述べ、そのような動向を「ハイパー・メリトクラシー」と表現しました。

2　人間の強さ

　エリクソン（Erikson,E.H.,1902-1994）は、ライフサイクルという概念を用いて、人間の生涯や世代間のつながりを捉えています（図9-1）。ライフサイクルは8つの発達段階から構成されており、前の段階の発達を土台として後の発達が可能になります。私たちは、各段階の課題に順に取り組み、危機を乗り越えながら、心理社会的な発達を遂げていくことになります。各課題解決に成功した場合と失敗した場合とでは、それぞれ獲得される心理的傾向が異なってきます。もちろん、エリクソンは、ある段階で充足されるべきことが残念ながらできなかったとしても、後の段階でそれを補償する機会が数多くあると述べています。

　エリクソンは、この発達プロセスの中で獲得されていく人間の強さを virtue と呼びました。virtue は一般に「徳」「人格的活力」などと訳される、まさに「生きていく力」の礎です。エリクソンによれば、この力は「他者との適切な相互関係」の中でこそ発揮されていきます。気力に満ちた自我の発達が、人間関係の相互性の発達へ、さらには社会性の発達へとつながっていくのです。

　子ども時代の virtue は、希望（hope）→意志（willpower）→目的（purpose）→有能感（competence）→忠誠心（fidelity）であるとされています。virtue もまた、お互いに関連し合いながら順番に形成されていきます。求めるものが得られるという「希望」が確立されてこそ「意志」が培われ、「意志」があるからこそ、目指す方向性が定まって「目的」が追求されるのです。なお、服部（2000）は、エリクソンの時代は身体的発育（性の成熟）と大人社会に入る準備を進める心理・社会的発達とが同時進行的だったが現代はそれが難しいとして、エリクソンの第5段階（青年期）を思春期と青年期に分け、思春期の virtue としての「夢（dream）」を設定しています。

　virtue を礎に社会の中でいきいきと生きていくためには、自分を信じて志を成し遂げようとするとともに、困難な状況に耐え、乗り越えていくことも必要です。また、他者に寄り添い、協調していくことも求められます。次節以降では、「生きていく」ために必要となる様々な力の中から、自尊心（self-esteem)、レジリエンス（resilience）、そして、近年、世界的にも注目されている社会情動的スキル（social and emotional skills）を取り上げます。

② 自尊心

1 自尊心とは

　自分の肯定的な面も否定的な面も包括的に捉えた上で自分自身を「よい」と評価し、自分に価値を見出して尊重する心の働きを、自尊心と言います。ローゼンバーグ（1989）によると、「よい」には2つの意味があります。ひとつは自分を"very good（とてもよい）"と捉えるもので、もうひとつは自分を"good enough（これでよい）"と捉えるものです。自尊心は、他者との比較や社会的基準と切り離し難いものではありますが、他者よりも優れているかどうかにこだわるものではありません。自分には長所だけではなく短所があることもよく認識した上で、ありのままの自分を価値ある存在と信じて、満足できることが大切です。高い自尊心が集団への適応や他者への受容的態度につながることが、多くの研究で証明されています。

2 自尊心を育むために

　子どもの自尊心は、一般に、児童期から青年期はじめにかけて低下していきます。これは、自分を客観的に捉える認知能力の発達や、他者との比較、理想と現実のギャップへの気づきなどによると考えられています。

　特筆すべきは、日本の子どもたちの自尊心が他国の子どもたちに比べて低いことです（図9-2、9-3）。少子高齢化が著しく進む日本において、次代を担う子どもたちの自尊心のありように、社会の未来が憂慮されます。

　ローゼンバーグ（1965）は、子どもの自尊心の育ちには、親から関心をもたれていると感じることが何よりも重要だと指摘しています。汐見（2011b）は、社会・文化の急激な変化の中で大人たちが生き方・育て方をうまく修正できずにいるため、基底的な自尊心を育まなければならない時期に子どもをあり

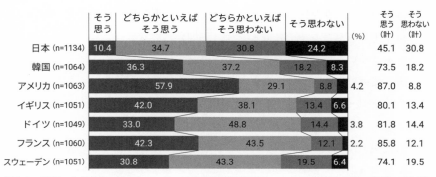

	そう思う	どちらかといえばそう思う	どちらかといえばそう思わない	そう思わない	(%)	そう思う（計）	そう思わない（計）
日本 (n=1134)	10.4	34.7	30.8	24.2		45.1	30.8
韓国 (n=1064)	36.3	37.2	18.2	8.3		73.5	18.2
アメリカ (n=1063)	57.9	29.1	8.8	4.2		87.0	8.8
イギリス (n=1051)	42.0	38.1	13.4	6.6		80.1	13.4
ドイツ (n=1049)	33.0	48.8	14.4	3.8		81.8	14.4
フランス (n=1060)	42.3	43.5	12.1	2.2		85.8	12.1
スウェーデン (n=1051)	30.8	43.3	19.5	6.4		74.1	19.5

図9-2 「私は、自分自身に満足している」に対する回答（内閣府, 2019）〈調査対象年齢　満13～29歳〉

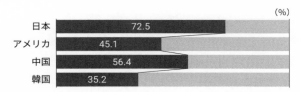

図9-3 「自分はダメな人間だと思うことがある」に対して「とてもそう思う」
「まあそう思う」と回答した者の割合（国立青少年教育振興機構, 2015）〈調査対象：高校生〉

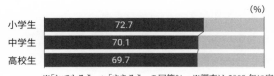

※「とてもそう」＋「まあそう」の回答%　※調査は2009年に実施

図9-4 「やる気になれば、どんなことでもできる」に対する肯定的回答
（Bennese教育研究開発センター, 2010をもとに作成）

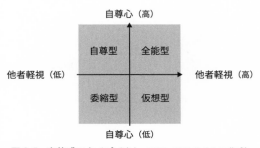

図9-5　有能感のタイプ（速水, 2006, 2011をもとに作成）

のまま受け入れることが難しくなっていると述べています。子どもたちは深い安心感や生きる喜びを十分に味わえず、周囲から要求される狭い期待の枠組みに応えられないと感じて、自尊心を低下させているのではないでしょうか。

　一方、櫻井（2010）は、このような結果と一見矛盾して感じられるベネッセ教育研究開発センター（2010）の調査結果（図9-4）をもとに、現代は「ふわふわとした万能感」の高い子どもが増えているとしています。「やればできるから大丈夫」「能力はあるからすぐできるようになる」といった甘い言葉をかけながらも実際にできるようになるまで努力させようとはしない子育てや教育では、子どもが自分の現実を見る力を養うことができません。それが結果として、しっかりとした自尊心の形成を妨げてしまうのです。

　現代の子どもたちが、「自分よりも下」の存在を見つけて優越感を感じようとする傾向も見出されています。速水（2006）は、自分の過去の実績や経験に基づくことなく、他者の能力を低く見積もることによって生じる「仮想的有能感」という概念を提唱しました（図9-5）。現代の若者に圧倒的に多いのは、自尊心も他者軽視も意識できない「萎縮型」ですが、自尊心が低いのに他者を軽視・蔑視することによって根拠のない有能感を高める「仮想型」も増えています。自分に満足できないからこそ自分を肯定したいという願望も強くなるがゆえに、現実には矛盾した感情をもつ不安定な状態に陥りやすいと考えられます。

　自他に対する理解を深め、劣等感や挫折感も受け入れた上でしっかりとした自尊心を育むためには、周囲からの適切な配慮が欠かせません。また、親や教師といった周囲の大人たちの自尊心の在り方が子どもたちの自尊心の形成に影響する可能性も無視できません。例えば、女子大学生とその母親の自尊心の水準がある程度類似していることが報告されています（橋本・前田，2020）。子どもたちの自尊心の問題は、大人たちの生き方や価値観の問題でもあると言えるでしょう。

3 レジリエンス

　日々の暮らしの中では、自尊心を傷つけるような出来事が様々に起こり得るのも事実です。心が「傷つく」「痛む」といった表現に加えて、最近は、心が「折れる」という表現を耳にすることが増えました。心は本来、硬い棒のようなものではないはずです。私たちの心は、ボキッと折れてしまうほどに柔軟性を失ってしまったのでしょうか。

　生きていくためには、成功したり勝ち続けたりする力だけではなく、深刻な状況に耐えたり、失敗や困難から立ち上がる力が必要となります。頑なな強さではなく、しなやかで弾力性のある心の強さを表す概念として、近年、レジリエンスが注目されています。レジリエンスとは、もともとは回復力、復元力を意味する言葉で、「逆境にもかかわらずうまく適応すること」（Fraser, 2004）と定義されています。発達心理学や児童精神医学、発達精神病理学のみならず、看護学、小児保健学、教育学などでも論じられ、児童福祉分野の研究も増えています。日本における研究は、レジリエンスの「逆境」という要素をいわば「日常的なストレス」に拡大して行われているところに特徴があります（庄司, 2009）。

　レジリエンスは、個人の気質や意欲、能力といった特性に関連しています。小塩・中谷・金子・長峰（2002）によると、レジリエンスを導く「精神的回復力」は「新奇性追求」「感情調整」「肯定的な未来志向」から成り立っています。様々なことに興味・関心を示して新しい道を模索したり、感情をうまくコントロールしたり、前向きな展望をもち続けることは、精神的な回復をもたらすために大切です。また、精神的回復力は自尊心と正の相関を示します。逆境を経験しても、自尊心が高い人は低い人よりも、高いレジリエンスを発揮することができるのです。

　さらにレジリエンスは、個人の特性だけではなく、個人と環境双方の様々な要因が相互作用することによってもたらされる力動的なものでもあります。た

とえ逆境の中にあっても、周囲に支えてくれる人がいるかどうか、適切な援助が受けられるかどうか、適応できる居場所を見つけられるかどうかが重要です。教育によってレジリエンスを育て、危機の予防と回復を支える実践的な取り組みも、国内外で積み重ねられています（小林，2021）。

　誰かに起きたことは誰にでも起こり得ます。往々にして現実は想像を超えます。生きていく上で私たちは、不測の事態や予期せぬ危機を完全に回避することはできません。けれども人間の心が、自身の無力さを噛みしめたその上でさらなる強さや成長を生み出す可能性を秘めていることも、紛れもない事実なのです。

④　社会情動的スキル

　近年、世界各国で社会情動的スキルが注目され、研究が進められています。OECD（2015）は、社会情動的スキルを「a）一貫した思考・感情・行動のパターンに発現し、b）フォーマルまたはインフォーマルな学習体験によって発達させることができ、c）個人の一生を通じて社会・経済的成果に重要な影響を与えるような個人の能力」と定義して、①目標の達成、②感情のコントロール、③他者との協働、の３つの要素から構成されるとしました。その後さらなる検討を経て、表9-1に示す新しい枠組みを発表しています（OECD，2021）。

　本章冒頭でも述べたように、日本では「生きる力」の育成が教育の目標に掲

表 9-1　社会情動的スキルのフレームワーク（OECD，2021）

構成要素	下位構成概念
（長期的な）目標の達成	責任感、自己抑制
感情のコントロール	楽観性、ストレス耐性
協働性	共感性、協調性
開放性	好奇心、創造性
他者とのかかわり	社会性、積極性
複合的な能力	批判的思考、自己効力感

げられており、現行の学習指導要領（2017・2018・2019年改訂）では社会情動的スキルに該当する「学びに向かう力、人間性など」が3つの柱のひとつとして明示されました。本当にそのようなものまで学校教育で育成できるのかという疑問や、一層のハイパー・メリトクラシー化が教育格差の拡大・深刻化につながるのではないかという懸念もありますが、従来、気質や性格とみなされがちだったものを可変性のある「スキル」として捉え直すこと自体は、教育・保育の可能性につながります。OECD（2015）は、「社会情動的スキルは育成可能であるという良い一面があり、政策立案者、教師、親たちはこれらのスキルを伸ばすために学習環境を改善するという重要な役割を担うことができる」と述べています。

　欧米諸国では今、社会情動的スキルに関する心理教育プログラム（SEL；Social and Emotional Learning）が広く実践されています。わが国でも、SELで共通して注目されている8つの社会的能力を日本の教育事情に合わせて育成できるように工夫した学習プログラムが展開されています（SEL-8研究会，2023）[2]。もちろん最も重要なのは、豊かな日常生活経験の積み重ねです。幼い頃から遊び込み、協働的な活動を多く経験してきた子どもは高い社会情動的スキルを身につける傾向があります（ベネッセ教育総合研究所，2016）。身近な人とのアタッチメント形成、安定した人間関係の中で活動に熱中できる環境、子どもを取り巻く大人たち自身のスキル発達なども鍵となります（浜野，2019）。

　社会情動的スキルは認知的スキルと相反するものではなく、どちらも大切で、互いに影響を与え合い育ち合う関係です。社会情動的スキルが認知的スキルの蓄積をも促し、個人のもつスキルの水準が高いほどスキルの獲得が大きいことは、「スキルがスキルを生む」と表現されます。さらに、人生早期から社

2）SEL-8学習プログラム（Social and Emotional Learning of 8 Abilities）は、①自己への気づき、②他者への気づき、③自己のコントロール、④対人関係、⑤責任ある意思決定、⑥生活上の問題防止のスキル、⑦人生の重要事態に対処する能力、⑧積極的・貢献的な奉仕活動、という8つの能力を育むことを目的としています（SEL-8研究会，2023）。

会情動的スキルを培うことが生涯にわたる心身の健康、社会的適応などに重要な意味をもつことを示す研究が、数々発表されています（OECD, 2015）。

⑤　つながり合う力

　2018年にOECD加盟9カ国で行われた調査によると、子どもが将来の人生を生き抜くために育てたいスキルや能力として幼児教育・保育従事者から最も重視されていたのは「他者と上手く協力しあえる能力」でした（国立教育政策研究所，2020）。グローバル化が進展する現代社会において、多様な人々と協働する力はこれまで以上に求められることになるでしょう。しかしすべての子どもがそうした期待に容易に応えられるわけではありません。例えば自閉スペクトラム症（ASD）の場合は求められても難しく、そこには生きづらさが生じるでしょう。子ども一人ひとりの状況を理解し、現実の子どもの姿から出発して、どのように共に幸せに生きていくのかを考える姿勢が大切です。

　親や教師といった大人との関係に比べて、子ども同士の関係は複雑です。協力も必要ですが競争もあります。自己主張すべき場面もあれば自己抑制が求められることもあります。友達と楽しく過ごすことができる子どもたちがいる一方で、友達とのかかわりが苦手な子どもたちもいます。対人関係がうまく結べない子どもたちの問題は、「引っ込み思案だから」「乱暴だから」というように、子どもの性格を理由にされがちです。しかしそのような見方は、結果として親や教師、周囲の大人が「その子の性格だから仕方がない」と、改善策を講じないで見過ごすことを許してしまいます。古澤（1996a）は、例えば「この子はおとなしい」というふうに子どもの姿を表現する時、実はそれは子どもの姿そのものではなく、「この子はおとなしいと『私は思う』」ということなのだとして、「大人の心的展開なくして子どもの成長はない」と述べています。

　人間の生涯発達を考える時、時間的な推移のプロセスを縦軸とすれば、それぞれの発達段階における他者とのつながり、社会的な関係は、横軸と捉えることができます。人間は、個であると同時に、ヒトという種の中のひとりとし

て、誕生直後から他者とのかかわり合いの中で生きていきます。「私」という人間の個性は他者との対比によって際立つものであり、人の発達は他者との関係の積み重ねでもあります。親や家族といった身近な他者とのかかわり合いを出発点として、健全なひとりの世界の基盤や安定したふたりの関係性を培い、さらには同世代との群れる関係性や、自分を超えるものとの関係性などを積みあげていきます。こうして子どもは、「私」の世界を生きていく力とともに、「私たち」の世界を生きていく力を獲得していかなければなりません。

　古澤（1996b）は、エリクソンの考えをもとにして、人間が自分にとって中核となるかかわり合いをどのように発達させながら一生を送っていくかを表しています（図9-6）。そして人は、人生をおくるにつれてこうしたかかわり合いをこころの中に積み重ね、豊かなこころの膨らみを携えていくのだと述べています。

　自分らしく生きることは、決して、ひとりで生きることではありません。他者との認め合う人間関係の中にあってこそ、人は、自分を知り、新しい考えを得て、心理的・社会的に発達しながら、自分の人生を「生きていく」ことができるのではないでしょうか。

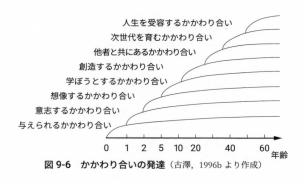

図 9-6　かかわり合いの発達（古澤, 1996b より作成）

■参考・引用文献

ベネッセ教育研究開発センター　(2010)　第2回子ども生活実態基本調査報告書——小4生～高2生を対象に　ベネッセコーポレーション.

ベネッセ教育総合研究所　(2016)　園での経験と幼児の成長に関する調査——卒園前の年長児をもつ保護者を対象に　ベネッセ教育総合研究所.

Fraser,M.W.　(2004)　*Risk and resilience in childhood : An ecological perspective* 2nd ed.（門永朋子・岩間伸之・山縣文治訳　(2009)　子どものリスクとレジリエンス——子どもの力を活かす援助　ミネルヴァ書房.）

浜野隆　(2019)　国際比較でみる日本の「非認知能力」の課題——PISA2018「読解力低下」問題を手がかりに　日本教材文化研究財団　研究紀要, 49, 42-51.

橋本博文・前田楓　(2020)　親子間における自尊心の類似性　日本教育心理学会第62回発表論文集, 242.

服部祥子　(2000)　生涯人間発達論：人間への深い理解と愛情を育むために　医学書院.

速水敏彦　(2006)　他人を見下す若者たち　講談社.

速水敏彦　(2011)　仮想的有能感研究の展望　教育心理学年報, 50, 176-186.

本田由紀　(2005)　多元化する「能力」と日本社会——ハイパー・メリトクラシー化のなかで　NTT出版.

小林朋子　(2021)　教育心理学と実践活動　学校教育を活かした子どものレジリエンスの育成——学校危機の予防と回復を支えるアプローチ　教育心理学年報, 60, 155-174.

国立教育政策研究所編　(2020)　幼児教育・保育の国際比較：OECD国際幼児教育・保育従事者調査2018報告書——質の高い幼児教育・保育に向けて　明石書店.

国立青少年教育振興機構　(2015)　高校生の生活と意識に関する調査報告書——日本・米国・中国・韓国の比較　https://www.niye.go.jp/kenkyu_houkoku/contents/detail/i/98/　(2023.8.15 閲覧)

古澤頼雄　(1996a)　教育心理学へのアプローチ——教える者が考えること　北樹出版.

古澤頼雄　(1996b)　いきいきと高齢化——生きがいと人生の統合　柏木惠子・古澤頼雄・宮下孝広　発達心理学への招待　ミネルヴァ書房.

厚生労働省　(2023)　令和4年 (2022) 人口動態統計月報年計（概数）の概況　https://www.mhlw.go.jp/toukei/saikin/hw/jinkou/geppo/nengai22/index.html　(2023.8.15 閲覧)

内閣府　(2019)　我が国と諸外国の若者の意識に関する調査（平成30年度）　https://www8.cao.go.jp/youth/kenkyu/ishiki/h30/pdf-index.html　(2023.8.15 閲覧)

内閣府　(2022)　令和4年版　少子化社会対策白書（全体版＜HTML形式＞）　https://www8.cao.go.jp/shoushi/shoushika/whitepaper/measures/w-2022/r04webhonpen/index.html　(2023.8.15 閲覧)

OECD　(2015)　*Skills for Social Progress : The Power of Social and Emotional Skills.*

OECD.（無藤隆・秋田喜代美監修 （2018） 社会情動的スキル——学びに向かう力 明石書店.）

OECD （2021） *Beyond Academic Learning : First Results from the Survey of Social and Emotional Skills.* OECD.

岡部美香 （2018） 流れる時間のただなかで歴史解釈をずらす シンポジウム ＜いま＞をどう読み解くか——教育に向き合うための歴史感覚を問う 司会コメント，近代教育思想史研究会 近代教育フォーラム，27，86-90.

小塩真司・中谷素之・金子一史・長峰伸治 （2002） ネガティブな出来事からの立ち直りを導く心理的特性——精神的回復力尺度の作成 カウンセリング研究，35（1），57-65.

Rosenberg,M. （1965） *Society and the adolescent self-image.* Princeton University Press.

Rosenberg,M. （1989） *Society and the Adolescent Self-Image.* Wesleyan University Press.

桜井茂雄 （2000） 問題行動の底にあるもの——子どもの不安とその克服 教育出版.

櫻井茂雄 （2010） 自己効力感が低下している子どもたち 児童心理，64（16），18-24.

佐貫浩 （2009） 学力と新自由主義——「自己責任」から「共に生きる」学力へ 大月書店.

SEL-8 研究会 （2023） SEL & SEL-8 とは http://www.sel8group.jp/information.html （2023.8.15 閲覧）

汐見稔幸 （2011a） 「生きる力」から「シティズンシップ教育」へ：新指導要領の学力観を問う 教育，61（5）（No.784），4-12.

汐見稔幸 （2011b） 子どもはみんな「よさ」をもっている 児童心理，65（8），1-12.

庄司順一 （2009） リジリエンスについて 人間福祉学研究，2（1），35-47.

時実利彦 （1970） 人間であること 岩波書店.

やまだようこ・西平直監訳 （2003） エリクソンの人生——アイデンティティの探求者（上）（下） 新曜社.

ユニセフ・イノチェンティ研究所 （2021） イノチェンティ レポートカード 16 子どもたちに影響する世界——先進国の子どもの幸福度を形作るものは何か 日本ユニセフ協会.

Chapter 10

子どもと道徳、
それを育むテクノロジー

　本章では、道徳性発達に関する古典的な理論を概観した後に、近年の道徳心理学研究について述べます。そして、道徳性を発達させる教授法のひとつとしてモラルジレンマ討論（MDD）を紹介します。最後に、ICT の中からバーチャルリアリティ（VR）技術を取り上げ、道徳教育場面での活用可能性について論じます。

① 道徳性はどのように発達するか

1 認知発達理論に基づく道徳心理学研究

　私たちはどのように善悪の判断を身につけていくのでしょうか。この研究領域の先駆けとなるピアジェ（1932）は臨床法（図 10-1）を用いて子どもの道徳判断の発達を検討しました。その結果、道徳判断は 7 歳頃を境として、「他律（結果論）」から「自律（動機論）」へと移行することが明らかにされました。具体的には、子どもはある行為の善悪について物質的な結果に基づき判断をする他律的道徳判断から、加齢に伴い外在的な目に見える結果よりも行為の意図や動機に注目する自律的道徳判断へと発達をしていきます。

　このような道徳判断の発達は子どもの規則理解の発達段階と関連するところがあります。規則理解の第 1 段階では、規則は社会的な意味をもたず同じ行為を反復することであり、これらの行為は道徳的意味合いをもちません。しかし、第 2 段階では、子どもは大人や年長者の真似をし、規則通りに振る舞おうとします。そこでは、規則はその通りにしなくてはならない義務的なもの、子

A　ジャンという男の子がお部屋の中にいました。食事に呼ばれたので食堂に入っていきます。ところが扉の後ろに椅子があり，その椅子の上にお盆が置いてあり，お盆にはコップが15個のせてありました。ジャンはその扉の後ろにそんなものがあるとは知らないで，扉をあけましたので，扉がお盆に当たり，コップは15個ともみんな割れてしまいました。
B　アンリという男の子がいました。ある日，お母さんの留守に戸棚の中のジャムを食べようとしました。そこで椅子の上にのって腕を伸ばしましたがジャムは高すぎて手が届きません。取ろうとしていろいろやっているうちに，手がコップの一つに触って，コップは落ちて割れてしまいました。
【質問1】これらの子どもは同じくらい罪があるか？
【質問2】どっちの子の方が悪い？　なぜ？

図10-1　ピアジェの臨床法を用いた道徳判断の調査法（長谷川，2008）

どもを拘束するもの（大人の一方的尊敬）になります。第3段階では、相互に尊敬し合い、協同的行為を行っている集団の成員の合意があれば規則は修正可能なものだと考えます。そのもととなるのは他者との相互関係を大事にする態度（相互的尊敬）であり、自己中心性から自由になり相手の立場に立って考える能力が備わっていることが前提となります。第4段階では未知の状況においてさえも一般化される規則に関心を示すようになります。この段階では個人的あるいは対人的な事柄よりもむしろ社会的問題に関心をもちます。

コールバーグは道徳性を3水準6段階からなる発達段階として理論化しました（永野，1985）。その発達段階は前慣習的水準（第1段階、第2段階）、慣習的水準（第3段階、第4段階）、脱慣習的水準（第5段階、第6段階）からなります。前慣習的水準では道徳は外在的なものであり、「罰せられること＝悪」と考えられています。慣習的水準は決まりに従うことが正しいことだと考える発達段階ですが、脱慣習的水準では決まりそのものを問い直すことのできる発達段階に至ります。道徳性は発達段階に従って順番に発達していくと考えられています。道徳性の測定には複数の道徳的価値が葛藤するオープン・エンドのモラルジレンマ課題（図10-2）が提示され、意思決定の正当化の根拠が面接で求められます。そして、どのようなタイプの理由づけをするかにより6段階のいずれ

Aさんの奥さんががんで死にかかっています。お医者さんは，「ある薬を飲めば助か
　るかもしれないが，それ以外に助かる方法はない。」と言いました。その薬は，最近あ
　る薬屋さんが発見したもので，10万円かけて作って，100万円で売っています。Aさ
　んは，できる限りのお金を借りてまわったのですが，50万円しか集まりませんでした。
　Aさんは薬屋さんにわけを話し，薬を安く売るか，または不足分は後で払うから50万
　円で売ってくれるように頼みました。でも薬屋さんは，「私がその薬を発見しました。
　私はそれを売って，お金をもうけようと思っているのです」と言って，頼みを聞きませ
　んでした。Aさんはとても困って，その夜，奥さんを助けるために，薬屋さんの倉庫に
　入り，薬を盗みました。
　【問】Aさんは薬を盗んだ方がいいでしょうか，それとも盗まない方がいいでしょうか？

図10-2　モラルジレンマ課題の一例（永野，1985）

かに割り当てられます。

　役割取得能力とは他者視点に立ち物事を見たり考えたりする能力のことであ
り（Selman, 1971）、コールバーグの道徳性発達段階と対応して発達するとされ
ます（内藤，1987）。その発達は自己焦点的な段階から社会的な視点を取得する
段階へ向かって5段階からなり，対人交渉方略（Selman, 2003）の発達との対
応があります（表10-1）。対人交渉方略には他者変容志向（自分の意見に合うよ
うに他者の意見を変容させる）と自己変容志向（相手に合わせて自己の意見を変容
する）の2つがあり、各々に異なる発達段階があります。他者変容志向は自己
の目標到達のために非反省的・衝動的な力を使う段階（0段階）、一方的に他者

表10-1　Kohlberg の道徳性発達理論，Selman の役割取得理論，対人交渉方略の対応表

道徳性発達段階	役割取得能力	対人交渉方略 他者変容志向 / 自己変容志向
第1段階	未分化，自己焦点的	0段階
第2段階	分化，主観的	1段階
第3段階	互恵的，自己内省的	2段階
第4段階	相互的，第三者的	協調
第5段階	社会的	
第6段階		

（内藤，1987 の pp. 190-191, Selman, 2003 の p. 21, p.31 を参照して筆者作成）

を統制する段階（1段階）、相手の意見を変容させようとして心理的影響力を使用する段階（2段階）の順に発達します。自己変容志向は自己を守るために非反省的・衝動的に従う段階（0段階）、意思なく相手の願望に従う段階（1段階）、自己の願望と相手を調整するために心理的影響力を使用する段階（2段階）の順で発達します。そして、いずれの志向も自己と他者の両者の意見を調整しようとする協調段階に向かいます。

2　社会的直観と道徳基盤理論（Moral Foundation Theory；MFT）

　認知発達理論の立場は道徳判断の際の理由づけを重視し、情動の役割をあまり重視してはきませんでした。一方、ハイトはこの考え方に対し、下記のような例話を用いて反論しています。

　　ある家族が飼っていた愛犬が、自宅の前で車にひかれて死んだ。「犬の肉はおいしい」と聞いていたこの家族は、死骸を切り刻んで料理し、こっそり食べた。（Haidt, 2012）

　この例話を読み、あなたは読んだ瞬間に何を思ったでしょうか。かわいそう、これはないといった感情が生じた人も多いと思います（直観）。それでは、これらの感情が生じた理由は何でしょうか。この問いに対し、あなたは先の問いよりも時間をかけて回答を探すと思います（理性的判断／理由づけ）。ハイトはこのような例話を複数用いて、道徳判断には理性的判断ではなく、直観が優先されることを示しました。また、直観は理性的判断とは異なり発達的に生じるものではなく、生得的なものだと考えられています。人は成長をしていく中で直観に気づくようになり、一度直観を身につけるとそれは修正されにくくなるとされます（Sets, 2016）。

　一方、直観を重視する立場にもいくつかの課題が残されます。ひとつ目は直観で用いられる例話がネガティブな状況のため、当該行為がよくないという「正しい反応」がすぐにできる（から直観である）というものです。2つ目は理由づけの経験をどれ位行えば最初の直観が形成されるか、直観はどの程度の経

験により自動的になるかです（Sets, 2016）。なお、道徳判断の拠り所である「直観か、理性か」に関する論争は現在まで続いており、後述します。

　コールバーグは道徳性発達とは数ある徳目の中でも公正さ（justice）の発達のことであると考え、道徳性発達段階として示しました。一方、ハイトはコールバーグが公正さのみを道徳性として取り上げたことを批判し、公平さ以外にも道徳基盤があるとする MFT を提唱しています（Haidt, 2012）。道徳基盤には「傷つけないこと：他者を傷つけてはならず、思いやりを持つこと」、「公平性：人を公平に取り扱うことや互恵的に取り扱うこと」、「内集団への忠誠：自分が所属する集団への忠誠心」、「権威への敬意：社会的秩序を重視すること」、「神聖さ・純粋さ：穢れていないこと」の5つがあります。人は複数の道徳基盤をもち、どの基盤が影響力をもつかは人により異なります。例えば、政治的に見て「傷つけないこと」と「公正性」に重きを置く人はリベラル、いずれの道徳基盤にも同じように重きを置く人は保守主義者とされます。

3　直観か、理性か

　近年、道徳判断には直観あるいは理性のどちらが優勢かについて議論されています。この議論はどのような（道徳）教育を行うかにもつながる、大切な検討すべき課題になります。認知心理学のカーネマン（Kahneman, 2011）はシステムⅠ（素早い判断；直観）とシステムⅡ（熟慮した判断；理性的判断）の存在を指摘し、人の道徳性を含む判断には双方が関連すると述べています。脳神経科学では fMRI で撮影された脳画像の分析により、道徳判断には直観と理性的判断の双方を使用すると考える二重過程モデルが提案されます（Cushman et al., 2010）。また、これらの知見を踏まえた上で、あえて道徳判断に理性が果たす役割を論じる立場もあります。近年、ブルーム（Bloom, 2016）は政治的場面、公共政策場面では情動（共感）よりも理性的判断を優先する方がより適切な判断を行うことができる（例：私たちは地球の裏側の子どもたちの悲惨な状況を知っていても助けないことも多いが、目の前の具体的な不憫な子どもひとりを助けるためにはすぐに手を差し伸べる）と述べ、より公平な判断を行うために反共

感（情動の道徳判断に重きを置き過ぎないこと）が重要な場合があると指摘しています。これらを考え合わせると、私たちが行う道徳判断には無意識にバイアスが働いており、重要な道徳的課題を考える際にはあえて意識的に直観と理性的判断の双方の観点を考慮する必要があると言えます。

4 私たちはいつ頃から道徳判断を行うか

ハムリンら（Hamlin et al., 2007）は生後半年から 10 カ月の乳児を対象として、丘を一生懸命に登ろうとするが、なかなか登り切れない●に対して、●の後ろを押し、登るのを助けようとする▲と、同じ状況の●を丘の上方から押し戻し、登るのを妨害する■が出てくるストーリーの 2 つを示しました。●と▲と■のそれぞれには丸い目がついています。その後、協力児の前に▲と■を提示すると、ほとんどの協力児が▲を選択しました。この実験は、いくつもの国で追試が行われています。この結果から、生後半年の乳児が善悪を判断できると結論づけるのは早計かもしれませんが、私たちには生後半年から既に善いことをするものを選択する傾向があることが示唆されます。

② 学校教育における心理学視点を用いた道徳科授業の展開

1 モラルジレンマ討論（moral dilemma discussion；MDD）

従来、道徳授業では心情の読み取りが重視されてきましたが、2018 年の学習指導要領の改訂以降、「考え、議論する」ことも重視されています。また、GIGA スクール構想の前倒しにより ICT を活用した授業も実施可能になりました。さて、心理学の知見は「考え、議論する」道徳科授業に対しどのような提案ができるでしょうか。

道徳科の教授法のひとつに、コールバーグらにより提案された MDD があります。MDD とはモラルジレンマ教材（図 10-2）を使って複数人が話し合うもので、道徳性を発達させます。日本でもモラルジレンマ教材、MDD の行い方などの知見が包括的に蓄積されています（Araki, 2014）。MDD は答えが決まっ

てはいない複数の価値が葛藤する状況において自由に考え、議論することのできる教授法のため、子どもは思わず身を乗り出して自発的に話し合いたくなります。そのため、子どもに考え、議論させる授業を行うことに未熟な道徳科授業初学者（以下、初学者）も MDD のもつ力を借り、子どもの考えや意見を引き出したり、掘り下げたりする授業を行うことが比較的容易になります。このような理由から「考え、議論する」道徳科授業を行う上で MDD を活用することには魅力があると考えられます。

2　道徳科授業の中で「考え、議論する」討論をどのように行うか

　MDD の活用により「考え、議論する」道徳科授業を行うことは可能ですが、課題もあります。第一に、参加者の討論スキルは様々であり、それに応じて討論の進め方を変える必要があります。一般的に低年齢ほど討論を行うことは発達的に難しく、授業者には工夫が要ります。一方、上級生でも過去に「考え、議論する」経験が不十分な場合は、突然に建設的な討論を行おうとしても成立しにくいと言えます（例：討論参加者一人ひとりが意見を述べ、一巡して討論が終わります）。そこで、日頃から考えたり、それを表現したりする経験を積むことは討論スキルを磨くことにつながり、結果として「考え、議論する」道徳科授業を進めていく上での基礎になります。第二に、初学者も討論型授業経験を積み重ねる必要があります。ある程度授業を繰り返す中で、どこを短く切り（例：初学者は授業の導入に時間をかけ過ぎ、討論時間がなくなります）、どこに時間をかけるか（例：初学者は子どもからじわりじわりと意見が出始めたところで、時間が来たからという理由で次の展開に移ります）が経験的に習得できます。道徳科授業では初学者が①子どもの声を拾えているか、②それらを広げたり掘り下げたり（掘り下げの Q）することができているか、③子どもが引き出しを増やせているか、④ねらいをより深く考え議論できているか、といった点を気にかけることにより、討論型授業の洗練につなげることができます。遠回りのようですが、討論スキルや討論型授業スキルの習得以前に、私たちにとって大切な「価値」について話し合うことのできる雰囲気が教室の中に醸成されている

ことがその前提として大切になります（例：Wong, 2009）。

　バーコウィッツ＆ギブス（Berkowitz & Gibbs, 1983）はモラルジレンマ課題を用いた大学生の同性ペア討論の発話分析を行い、合意を求めて話し合う中で生じる発話をカテゴリー分類しています。そして、発話には操作的トランザクション（相手の意見について指摘したり、自身の意見を拡大して説明したりするような互いの思考に影響を与える発話）と表象的トランザクション（互いの思考に影響を与えない、相手の意見を言い換えたり、相手に質問したりする発話）があると述べています。近年では、生徒のペアゲーム場面でのトランザクションが分析され、操作的トランザクションの有効性が示唆されています（Ilten-Gee & Hilliard, 2021）。一方、一般的に、教室での教師の発話が9割近いこと（Hattie & Zeirer, 2018）や道徳科授業の中で操作的トランザクションがそれほど多く用いられているわけではないことも報告されています。

3　バーチャルリアリティ（VR）技術は道徳科授業を変えるか

　COVID-19以降、日常的にオンライン会議システムツールを用いたオンライン討論が行われるようになりました。カイン＆スミス（Cain & Smith, 2009）は薬学部の学生を対象とし、オンラインMDD（OMDD）と対面MDD（FMDD）を比較しました。その結果、OMDDでは熟考できる一方で匿名性ゆえに批判的になり建設的な討論を妨げる傾向があること、一般的にはOMDDは他の討論と同様に道徳性を高めることが明らかにされました。これを踏まえ、藤澤（Fujisawa, 2022）は面識のある大学生を対象とし、OMDDとFMDDを比較しました。その結果、前者において広い社会的視点を取ることが示されました。これらの研究より対面討論の意義に同意すると同時に、OMDDにも注意すべき点はあるものの、FMDDと同様な教育的効果があることにも同意できそうです。むしろ道徳科授業のように討論参加者の多様性を担保した討論場面を設定したい場合は、オンラインの活用によりそれが可能になります。よって、OMDDはCOVID-19後にも残されることが期待される教授法のひとつになると考えられます。しかし、OMDDはFMDDと比べると臨場感がやや乏しく、

図 10-3　VR 教室『ayalab classroom&park』
（本学科学生が自作アバターを着用し、VRMDD を行っています。）

図 10-4　VRMDD 教材『ayalab　ロボくんとぼく』にて VRRP をする教職学生
（書籍 MDD 教材『ロボくんとぼく（久保田・藤澤, 2019）』に対応した『ロボくん』と『ぼく』アバターが役割演技をすることができる VRMDD 教材です。エモート機能により感情も音付きで瞬時に示せます。VR 役割演技のサンプル動画は下記のリンクから視聴できます。https://drive.google.com/file/d/1nySC762uEyvhiBiuRW-v4KjMITgxMJAS/view?usp=drivesdk）

【モラルジレンマストーリー】

　A 国は経済的成長を優先してきたために食料の自給自足が難しく、さらに頼みの綱である経済的成長も鈍化してきています。

　B 国は経済大国であり、さまざまな資源に恵まれた国です。A 国とは長年の付き合いがあり、B 国は A 国の安全面をサポートしてきました。その代わり、B 国は A 国には経済的な見返りを期待してきました。

　一方、C 国は自然豊かな大国であり、A 国が必要とする食料を長年にわたり融通してきています。さらに、最近は C 国では第四次産業革命が進み、経済的にも成功を収めてきています。

　そのようなところ、B 国と C 国が経済的な主導権を巡り、けんかを始めました。そして、両国の首相にどちらの国の見方をするかと問い合わせてきました。

　さて、A 国の首相はどうすればいいでしょうか？

（生徒は A 国、B 国、C 国のいずれかの国民に分かれ、各国の仮想の人種に分かれたアバターを着用します（例：国別カラーを決め、その色の服の着用により、割り当てられた仮想の各国への所属意識を高めます。写真右上参照）。各国は川を挟んで 3 つに分かれており（写真右下参照）、1 つの建物（と秘密の部屋）があります。割り当てられた国の建物を同じチームメンバーと探索しながら、仲間意識を高めます。B 国、C 国に割り当てられた方は、各国の強みを活かして、A 国を味方に付けられるように説得する方法をチームで考え、A 国にプレゼンテーションをします。）

図 10-5　VRMDD 教材『ayalab　あなたならどうする？』のモラルジレンマストーリーと
A 国のメンバーが話し合う様子

協同作業の感覚が減少することは否めません。

　そこで、藤澤（Fujisawa, 2023a）は非対面でもリアリティをもった討論環境を作り出す方法のひとつとしてVR技術の活用を提案しています。VRとは「デジタル的に作り出した環境、すなわち現実を模した世界や想像上の世界を、人間に体験させることができるもの」と定義されます（Thouvein & Lelong, 2020）。道徳科授業では、①アバターを着用して会話やMDDをする（Virtual Rearity MDD; VRMDD）、②教材の登場人物について役割演技（VR role play；VRRP）をし、他者視点取得をする（VR perspective-taking：VRPT）、③現実では体験できないことが体験できる点にVR技術の強みがあります（藤澤, 2023a）。①には、人前で価値観や意見を述べることが難しい場合（例：思春期、人前での発言が不得手）、アバター着用により話がしやすくなることがあります（図10-3）。②に関して、教材の世界観の中であたかも登場人物のように心情を体感し、VRRP、VRPT、VRMDDを行えます（例として図10-4）（藤本・藤澤・室田, 2023）。③には、例えば、書籍媒体の教材をクラスの仲間と一緒にその場で体感できることが挙げられます（図10-5、図10-6）。なお、VRもICTのひとつであり、他のICTと同様、残される課題（例：情報モラルを教育する必要性）もあります（Jones et al., 2023）。

4　道徳科授業におけるVR技術の現在

　藤澤（Fujisawa, 2023b）は大学生を対象としてVRMDDを実施した結果、自分本位あるいは仲間内のことだけを考慮するような社会的視野の狭さが低下する（＝他者視点取得が高まる）ことを明らかにしました。さらに、VR技術使用により他者視点取得能力が高まる（Herrena et al., 2018；van Loon et al., 2018）、社会的スキルが改善される（Kellems et al., 2021）、汎用的能力の一部が高まる（藤澤, 2023b）こと等が部分的にも明らかにされてきています。

　現在、VR技術の強みを活かしたVR道徳教材、VRスクール[1]、VR協同学習教材[2]が開発されています。子どもの学習に加え、大学生もこれらを使い必要なスキルや経験値を高め、模擬授業、カウンセリングなどの実践に備える

図 10-6　VR お散歩『ayalab Shall we walk?』
（巨大迷路を用いて問題解決の協同学習をする様子）

図 10-7　VR スクール『ayalab Become a teacher! 先生になろう』

（VRMDD 教材『ayalab　ロボくんとぼく』を用いて、教師役のアバターを着用した教職学生（教壇上のアバター）が児童アバターを着用したほかの教職学生に対し、VR スクールで模擬授業を行う様子）

ことができます（図 10-7）。また、現職教師からは VR 道徳教材の使い方を VR スクールで体験的に学ぶというタイプの教員研修の希望があります。つまり、教師、教職学生を含め学習環境は仮想空間あるいは現実世界のどちらで実施するかを必要に応じて決めることのできるステージに入ったと言えます。

■参考・引用文献

Araki, N.　（2014）　An application of Kohlberg's theory of moral dilemma discussion to the Japanese classroom and its effect on moral development of Japanese students. In L. Nucci, D. Narvaez, & T. Krettenauer, Eds. *Handbook of moral and character education* 2nd edition. New York and London: Routledge. pp.308-325.

Berkowitz, M. W., & Gibbs, J. C.　（1983）　Measuring the developmental features of moral discussion. *Merrill-palmer quarterly*, 29, 191-211.

Bloom, P.　（2016）　*Against empathy: The case for rationale compassion*.　NY: Ecco Books.

Cain, J., and Smith, D.　（2009）　Increasing moral reasoning skills through online

1) 『ayalab Become a teacher!　先生になろう！』には様々なタイプの教室を兼ね備えた VR スクールが準備されており，自由に模擬授業の練習やシミュレーションが行えます。併設の教会では道徳科授業で頻度高く使用される『レ・ミゼラブル』の VRRP もできます。

2) VR お散歩『ayalab Shall we walk?』は日本各地の学校教育関係者から定型発達児・徒に加え，特別支援が必要な児童生徒，不登校児・生徒，肢体不自由のある児童生徒にも役立てられるデザインであるとの評価があります。いくつかの協同学習を行う場としても活用できます。

discussions. *Quarterly Review of Distance Education*, 10, 149-252.

Cushman,F., Young, L., & Greene, J. （2010） Multi-system moral psychology. In J. Dorris. Ed. *The moral psychology handbook*. US: Oxford University Press. pp.47-71.

藤本洸平・藤澤文・室田真男 （2023） 道徳授業のロールプレイにおけるバーチャルリアリティ環境が他者視点獲得に与える影響 日本教育工学会大会論文集.

Fujisawa, A. （2022） The contribution of online tools in thinking and deliberating morality in Japanese schools: A preliminary experiment with student-teachers. In M. Wu Ed. *Moral education during global pandemic*. Asia-Pacific Network of Moral Education. pp.139-154.

藤澤文 （2023a） バーチャルリアリティは道徳科授業を変えるか？ 田沼茂紀編 道徳は本当に教えられるか：未来から考える道徳教育への12の提言 東洋館出版社.

藤澤文 （2023b） オンライン討論は対面討論に代替するか バーチャルリアリティモラルジレンマ討論とオンラインモラルジレンマ討論の比較 日本発達心理学会第34回大会論文集.

Fujisawa, A. （2023a） Use of Virtual Reality for Morality Classes in Japan. *The Japanese journal of educational practices on moral development*, 16, 1-6.

Fujisawa, A. （2023b） Comparing online and virtual reality moral dilemma discussion. In C. Pracana, & M. Wang Eds. *Psychological Applications and Trends 2023*. Lisbon：inScience Press. pp.502-506.

長谷川真里 （2008） 大人の拘束と道徳的実在論 渡辺弥生・伊藤順子・杉村伸一郎編 原著で学ぶ社会性の発達 ナカニシヤ出版 pp.58-59.

Haidt, J. （2012） *The Righteous Mind*. New York: Pantheon Books.

Hamlin, J. K., Wynn, K., & Bloom, P. （2007） Social evaluation by preverbal infants. *Nature*, 450, 557-559.

Hattie, J., & Zierer, K. （2018） *10 mindframes for visible learning: teaching for success*. London: Routledge.

Herrera, F., Bailenson, J., Weisz, E., Ogle, E., & Zak, J. （2018） Building long-term empathy: A large-scale comparison of traditional and virtual reality perspective-taking. *PLoS ONE*, 13.

Ilten-Gee, R., & Hilliard, L. J. （2021） Moral reasoning in peer conversations during game-based learning: An exploratory study. *Journal of Moral Education*, 50, 140-165.

Jones, S., Dawkins, S.,& McDougall, J. （2023） A multitude of literacies. In S. Jones., S. Dawkins., & J. Mcdougall, Eds. *Understanding virtual reality: Challenging perspectives for media literacy and education*. New York and London: Routledge. pp.35-49.

Kahneman, D. （2011） *Thinking, fast and slow*. Brockman Inc.

Kellems, R. O., Yakubova, G., Morris, J. R., Wheatley, Q., and Chen, B. B. （2021） Using augmented and virtual reality to improve social, vocational, and academic outcomes of students with autism and other developmental disabilities. In Gokce, A. and Carrie, D. E. eds. *Designing, developing and evaluating virtual and augmented reality in education.* PA: IBI Global. pp.164-182.

久保田笑理・藤澤文 （2019） ロボくんとぼく　荒木寿友・藤澤文編　道徳教育はこうすれば＜もっと＞おもしろい：教育学と心理学のコラボレーション　北大路書房　pp.165-168.

永野重史編 （1985）　道徳性の発達と教育――コールバーグ理論の展開　新曜社.

内藤俊史 （1987）　道徳性と相互行為の発達――コールバーグとハーバーマス　藤原保信・三島憲一・木前利秋編著　ハーバーマスと現代　新評論　pp.182-195.

Piaget, J. （1932）　*The moral judgment of the child.* (translated by M.Garbain) New York: Simon & Schuster. (大伴茂訳 （1954）　児童道徳判断の発達　同文書院).

Selman, R. （1971）　The relation of role taking to the development of moral judgment in children. *Child Development*, 42, 79-91.

Selman, R. （2003）　*The promotion of social awareness: Powerful lessons from the partnership of developmental theory and classroom practice.* New York: Russell Sage Foundation.

Sets, J.E. （2016）　Rationalist vs Intuitionist views on morality: A sociological perspective. In C. Brand Ed. *Dual-process theories in moral psychology: Interdisciplinary approaches to theoretical*, empirical and practical considerations. Germany: Springer. pp.345-366.

Thouvein, L., & Lelong, R. （2020）　*La realite virtuelle demystifiee.* Paris: Eyrolles. (大塚宏子訳 （2021）　ビジュアル版バーチャルリアリティ百科：進化する VR の現在と可能性　原書房).

van Loon, A., Bailenson, J., Zaki, J., Bostick, J., & Willer, R. （2018）　Virtual reality perspective-taking increases cognitive empathy for specific others. *PLoS ONE*, 13 (8), 1-19.

Wong, H. （2009）　*First days of school -How to be an effective teacher.* CA: Harry K Wong Publications.

Part 3

臨床としての
子ども心理学

Chapter 11

子どもの心理臨床

① 子どもを対象とした心理臨床

1 子どもを対象とした心理臨床の特殊性

　子どもを対象とした心理臨床を行うために、この章では、子どもの心の問題を理解し、その問題に効果的な援助的アプローチは何か探っていきましょう。

　まず、乳児から青年までの「子ども」に見られる様々な心の問題の現れ方は、大人の場合とは全く異なります。子どもは、自分の内面にある何らかの問題を行動や身体的症状で表出しやすいという特徴があります。例えば、心身症や様々な不適応行動などを思い浮かべるとわかるでしょう。この傾向は、子どもの年齢が低ければ低いほど顕著に見られます。

　それはなぜかというと、次に挙げるような、子どもゆえの特殊性があるからです。つまり、①発達途上の存在であること、②自我が未熟であること、③まだ心身が未分化であること、④自分の内面を言語化するのが困難であること、です。

　子どもは発達途上の存在であるがゆえに、可塑性が高いという特徴もあります。つまり、早期の治療的介入や、家庭や学校などを含めた環境調整、家族との関係性の改善などによって、その問題を乗り越え、さらに次の成長・発達につなげることができるということです。これは、環境からの影響を非常に受けやすいということでもあり、例えば、子ども本人に直接かかわることなく、家族関係の調整や、学校の環境調整をすることによって、本人の症状・問題が解

消したという例も少なくないのです。

　このように、子どもの心理臨床では、子どもゆえの特殊性を理解した上で実施しなければ、効果的な援助につながらないことをまず留意しておきましょう。

2　症状のもつ意味

　児童精神医学の創始者であるカナー（Kanner, 1935）は、子どもの表出する症状や問題行動には意味があると述べています。

　(1)　**「入場券」としての症状**　　カナーは、症状・問題行動とは興味をそそる「入場券」のようなものだと言っています。例えば、演劇の入場券をもっているとしましょう。その入場券からわかるのは、劇のタイトルや出演者、講演日時などの情報だけです。入場券を使って、実際に見ない限り、その演劇については全くわかりません。子どもの症状・問題行動がまさにその「入場券」で、入場券（症状）だけを見て、困ったとか厄介だと判断することには意味はないということなのです。入場券（症状）の背景に重要な意味が隠されていて、それら様々な事柄を把握することが重要ということなのです。

　(2)　**「信号」としての症状**　　子どもは、内面の状態を症状・問題行動によってサインとして表し、周囲の大人にそのサインを受け止めて問題解決してほしいという「信号」を出していると考えられます。子どもは自らの内面を言語化するのは難しく、かつ自分の行動や心理を自分でコントロールすることが難しいため、信号（サイン）で問題を表出しているのです。このように、症状や問題行動は、周囲の者に異変に気づかせ、注目を集めさせるという重要な機能があります。実は、子ども自身は、自分がどのようなサインを出しているか、そのサインにどのような意味があるかといったことを理解していないことが多いです。だからこそ、周囲の者がサインを見つけ、その背景にある意味を考え、対応していくことが大切と言えます。

　(3)　**安全弁としての症状**　　「安全弁」とは、バリアーのことです。つまり、症状・問題行動には、これ以上、状態を悪化させないように、その症状・問題行動で子どもが自分自身を守ろうとする安全弁（バリアー）としての機能があ

るということです。例えば、場面緘黙の場合、「話さない」という行動が、自分で自分を守るバリアーとなっていて、本人にとっては、必要なものと考えられるのです。

　このように、症状や問題行動を病的なものとか、ネガティブなものと捉えて、問題を除去することを考えるのではなく、周囲から見ると困った状態に見えても、それは、今の本人にとっては必要なものなのであり、発達・成長の中でその症状や問題行動がどのような意味をもつのか考えることが大切と言えます。そして、子どもからのサインを受け止める感受性と応答性が心理臨床にかかわる者に求められる能力と言えます。

２　子どもに対する心理臨床（心理アセスメント）

　体調の悪さを感じて病院に行くところを想像してみてください。問診や必要な検査ののち、病状や治療方針の説明を受けます。問診なしに薬を処方されることは通常ありませんし、何の検査もせずに手術が行われることもありません。
　心理臨床においても同様で、事前に様々な情報が集められ、その上で支援や介入の方針が決定されるわけです。この過程が心理アセスメントです。本節では心理アセスメントの定義や大まかな流れとともに、その構成要素である面接法、観察法、心理検査法を概観します。

1　心理アセスメントとは

　assessment は、人物や状況に関して情報を収集すること、何らかの判断を行う過程を指す言葉です。「査定」や「評価」といった訳語も使用されますが、どちらも価値や優劣を想起させるためか、近年、心理臨床やソーシャルワークの領域では「アセスメント」と片仮名表記が用いられることが多いようです。
　例えば、「学校でうまくいかない」と話す生徒がいたとします。この情報だけでは、学校にまつわるどういった点に「うまくいかなさ」を感じているの

か、そう感じるようになったきっかけ、関連要因、本人の希望等はわかりません。当てずっぽうで実施した介入がかえって事態を悪くすることも考えられます。どこからアプローチすればよいかを考えるためには情報を集めることが必要不可欠であり、その過程がアセスメントである、というわけです。似た用語としてケース・フォーミュレーションが挙げられ、両者はほぼ同じ意味で用いられる場合もあります。分けて用いられる場合、アセスメントは生じている問題や関連する情報の集約に、後者は収集した情報をまとめ直して問題のメカニズムの把握と支援・介入の方針を定めることに重きが置かれます（今田, 2017）。

2　心理アセスメントの流れ

　アセスメントは、機関の性格、クライエント、どういった立場でかかわるかといった要因によって様々に異なります。そのため、手順を定式化することは難しいわけですが、大まかな流れとしては、P（Plan）→ D（Do）→ C（Check）→ A（Action）→ P に戻る、という PDCA サイクルで考えるとよいと思います。

　Plan は計画を立てる段階です。ここではアセスメントの目的を明確にし、方法を検討します。何らかの心理的な問題が生じており相談につながるわけですが、①クライエントあるいは支援を必要としているのは誰か（本人、家族、教員等の関係者、など）、②把握したい情報は何か（生じている問題の性質、関係性、個人の性格、知的水準や認知特性、など）、③その情報をどう把握するか（誰が、いつ、どこで、どのようなやり方で、など）の 3 点を整理することが必要です。クライエントが求めていることは医療機関等では「主訴」と呼ばれますが、主訴が必ずしも明確になっていることばかりではありません。あるいは、主訴として語られたこと以外にもっと大きく本質的な問題が潜んでいること、複数の要因が複雑に絡まり合っていることもあります。そういった場合には問題を具体化したり解きほぐしたりする必要があります。前項ではアセスメントは支援を開始する前に行うものとしましたが、アセスメントの時点で既に支援は始まっていると心得るべきでしょう。

次の Do は実施の段階ですが、ここで重要な点として、インフォームド・コンセントが挙げられます。実施に先立ち、アセスメントの計画をクライエントに説明し、同意を得ておくことが原則です。アセスメントでわかること、生じ得る負担（物理的・時間的・経済的・心理的）、情報の活用方法などを伝えた上で、クライエントの意思に反して行わないこと、中断が可能であることも明示しておくことが求められます。その際、クライエントが理解できる形で説明することが大切です。仮に低年齢の子どもの場合や、言葉の理解に制約がある場合であっても、伝えるための努力を放棄してはなりません。

　先述の通り、アセスメントの時点で既に支援は始まっていますので、常にサポーティブな態度を保つことが必要不可欠です。心理支援における支援者（カウンセラー、心理士・心理師、治療者など）とクライエントの間の信頼関係をrapport（ラポールまたはラポート）と言いますが、初対面であったとしてもクライエントの不安や緊張、警戒をある程度和らげることが必要です。また、実施に際しては適切なやり方で進めていくことが不可欠です。特に、後述する心理検査法は手続きが決められている（標準化されている）ことがほとんどです。所定の手続きで実施することが原則であって、勝手な都合で（無目的に）変えてしまうと得られた情報の信頼性が失われてしまうことにもなりかねません。

　次の Check では、得られた情報が十分かつ妥当なものかを検証します。客観的な情報と主観的な情報を混同していないか、得られた情報がクライエントの状態像と一致しているかなどを確認します。残念ながら、アセスメントの中でクライエントのありのままの自然な状態が現れることは通常ありません。また、得られた情報がクライエントのすべてというわけでもありません。そのため、アセスメントを通じてわかったことや推測できることをクライエントに報告（フィードバック）すること、実際の生活での様子との共通点と相違点を共有することが重要です。支援者とクライエントとの間で情報の離齬があると支援がうまく運ばないため、フィードバックは丁寧に行う必要があります。

　Action は行動計画を練って実行する段階です。行動計画は主訴に沿った具

体的なものである必要があります。例えば、「このやり方を1カ月続けて成功した日数を数える」、「今週中にAさんに○○について伝える」、「△月×日までに話し合いの場を設定する」といった具合です。希望や「〜を頑張る」といった曖昧なものでなく、実行可能で進捗状況が確認できるものであることも大切です。

　行動計画が実を結び、問題が解消されれば相談は終結するわけですが、一度でうまくいくとは限りません。その際はPlanに戻り、同じサイクルを繰り返していくことになります。その意味で、支援とアセスメントは一体であり、絶えずアセスメントし続けていくことが求められるわけです。

3　面接法

　面接法はクライエントと直接対面し、クライエントとやり取りすることを通じてクライエントを理解しようとする方法であり、情報収集の基本となるものです。相手の言葉を通じて、その人がどんなことで困っていて何を求めているのか、今の状況をどう捉えているのか、願いや希望、生育歴やこれまでの経験などを把握していくわけですが、すべてが語られるわけでは当然ありません。また、語られたことが事実であるとも限りません。語られないことや、その人が受け取ったこと（事実と異なっていたとしても）の方が重要であることも多くあります。雄弁と語る、怒りを露わにして語る、涙ながらに語る、躊躇しつつ語るなど、「どう語るのか」に注目しつつも、共感的に受け止めること、理解したことを相手に返していくことが求められます（傾聴）。

　情報収集という点では情報の客観性や事実との整合性が重要となりますが、あえて語り手（クライエント）の主観性を大切にする手法として、ナラティヴアプローチが知られています（森岡,2015）。また、「対話」を重視するオープンダイアローグが近年、精神医療の分野を中心に注目を集めています。

4　観察法

　相手の言葉という言語的な要素に注目する面接法と並んで、行動の観察を通

じてクライエントを理解しようとする観察法も情報収集の基本です。面接での
クライエントの仕草・表情・姿勢、服装、支援者との物理的な距離感といった
非言語的な要素は、時に言葉以上にクライエントの人となりを反映するもので
す。アメリカの精神医療の大家であるサリバン（Sullivan,H.S.）の「関与しなが
らの観察」の言葉にあるように、支援者は自身がクライエントの行動に与える
影響を自覚しつつ、クライエントの行動をつぶさに観察することが求められま
す。

　加えて、学校・園などで子どもの行動観察を行うことは有益な情報源である
と同時に、「コンサルテーション」と呼ばれる支援者の重要な役割です。特別
支援教育の充実に向けて、その重要性は今後さらに高まっていくと予想されま
す。

5　心理検査法

　心理検査はクライエントの現在の状況を把握し、支援の目標や方針を定める
上で非常に有益な情報を得ることができるツールで、フォーマル・アセスメン
トとも呼ばれます（対する面接法や観察法はインフォーマル・アセスメントと呼ば
れます）。先述のように、多くの心理検査は手続きが標準化されており、得ら
れる情報の信頼性や妥当性（測りたいものがたしかに測定されているかどうか）
が高いとされています。とはいえ、ひとつの心理検査で何もかもが把握できる
わけではありません。また、用いる心理検査を見誤るとクライエントにとって
無益な負担を課してしまうことになります。検査を的確に選択すること、必要
に応じて組み合わせる（テスト・バッテリーを組む）ことが求められます。

　心理検査には、①対象の知的水準や全体的な発達の状況を把握するためのも
の、②性格傾向を把握するためのもの、③物事の感じ方や捉え方を把握するた
めのもの、④病理や障害の程度を把握するためのもの等があります。非常に種
類が多く、2023年8月現在、少なく見積もっても100以上の心理検査が存在
します。新しい検査が開発されたり、従来の検査が改訂されたりすることもあ
るため、常に最新の情報を得るようにしてください。

③ 子どもに対する心理臨床（認知行動アプローチ）

認知行動アプローチとは、人間の行動、認知、感情のメカニズムあるいはそのつながりを理論的な背景として、現実的な問題の改善を図ろうとするアプローチの総称です。対象、実践の場、実施の形態など、いずれの点でも非常に幅が広いです。歴史的には、うつ病や不安症などの精神疾患に対する認知行動療法（CBT；Cognitive Behavioral Therapies）として、様々な技法が展開されてきました（齋藤・富田・熊野, 2020）。近年は教育分野や産業分野などでも活用が進んでおり、現在の瞬間に注意を向けることでストレスを軽減し、感情や思考の柔軟性を高める効果があるとされるマインドフルネスは、一般的なエクササイズとしても普及してきています。本項では子どもにかかわる技法として、ABA、SST、ペアレント・トレーニングを紹介します。

1　ABA（Applied Behavioral Analysis）— 応用行動分析

ABA は、行動を A（先行事象・きっかけ）—B（行動）—C（結果）のつながりのパターン（随伴性）として捉え、その変容を図る技法です。主に行動上の問題を抱える子どもを対象に、特別支援教育や福祉領域での実践が広がっています（今本, 2019；栗原, 2018）。ターゲットとなる行動（授業中に騒ぐ、他の子を叩く、など）を観察し、行動の引き金（A）、結果（C）を分析します。その後、環境を調整したり対応を変えたりすることで、好ましい行動を増やし、非適応的な行動を減らすことを目指します。

2　SST（Social Skills Training）— ソーシャルスキル・トレーニング

SST は、人間関係や社会的なスキルの向上を図るためのアプローチです。挨拶をする、人に何か頼む、人前で発言する、謝るなどの具体的な行動を取り上げ、設定された場で練習（ロールプレイ）することで、行動の獲得やその行動が日常生活でも実行されるようになること（般化）を目指します。コミュニ

ケーションや社会性に課題のある子どもを対象に福祉分野や教育分野で広く実践されています。もともとは数名の小集団で行われる形態が一般的でしたが、近年は学級単位、学校単位での取り組みも報告されています（堀部, 2022 など）。

3　ペアレント・トレーニング

　ペアレント・トレーニング（ペアトレ）は行動理論をベースにした子どもへの効果的なかかわり方や育児スキルを保護者に提供し、家庭における行動上の問題の軽減や親子間のコミュニケーションの改善を目指すものです。保護者はプログラムに参加する中で、子どもの行動を理解し適切に対処する方法を学んでいきます。多様なプログラムがあり、数回〜 10 回程度のセッションで構成されているものが多いです。様々な医療機関や自治体で実践されています。

４　子どもに対する心理臨床（非言語的アプローチ）

　子どもの心理療法には、非言語的イメージを媒介とした方法でアプローチするものもあります。ここでは、遊びを媒介とした「遊戯療法」と、通常、カウンセリングや遊戯療法の中で適宜用いられる「箱庭療法」と「コラージュ療法」を解説します。

1　遊戯療法（play therapy）

　遊戯療法は、遊びを媒介として行われる心理療法のことで、子どもに対して行う心理療法のひとつです。遊戯療法は、トランポリンや滑り台などの遊具や、人形、ぬいぐるみ、ままごとセット、積み木、粘土、絵画の道具・材料、折り紙、ボードゲーム、後述する箱庭療法の砂箱と玩具などが置いてあるプレイルームという部屋で行われます。子どもは、セラピストから、この部屋の中で何をして遊んでもいいと言われ、自由に遊びます。この時、セラピストには、温かさに満ちた受容的な姿勢が重要とされます。さらに、アクスラインは「8 つの基本原理」として、セラピストに求められる姿勢をまとめています。

それは、①ラポール（rapport）の形成、②あるがままの受容、③許容的な雰囲気、④感情の察知と伝え返し、⑤主体性の尊重、⑥非指示的姿勢、⑦長いプロセスの認識、⑧制限、です（弘中，2014）。

　弘中（2014）は、遊戯療法の治療的な機能についてまとめています。以下で3つ紹介します。まず、①遊びのもつ治癒力、表現としての遊びという機能についてです。遊戯療法が遊びを媒介とする理由は、遊びは「治癒力」をもっているからであり、「治癒力」は「成長促進力」と言い換えることもできると述べています。子どもは自分の内的な感情や体験を言葉で相手に伝えることが困難ですが、遊びの中では豊かな自己表現をすることができるのです。また、遊びはことばの代わりになるだけではなく、ことばを超えた表現媒体だとしています。続いて、②カタルシスとしての遊びという機能です。遊びにはカタルシス、すなわち、心の浄化作用があるとしています。そして、③セラピストとクライエントの関係性についてです。遊戯療法は、子どもをただ遊ばせていれば良いのではありません。遊びを見守るセラピストという存在が重要です。遊びを通じてセラピストとの間に、心理治療の基盤である温かく信頼に満ちた人間関係が結ばれます。この信頼関係に支えられ、守られた空間が存在することによって、子どもは安心して自分の内面を開示していき、遊びの中で自己表現していき、治療的な展開が促進されると考えます。

2　箱庭療法（sandplay therapy）

　箱庭療法は、クライエントが、砂の入った箱の中にミニチュア玩具を自由に置き、砂箱の中に自由に自分の内的世界を表現する心理療法です。この療法は、カルフ（Kalff,D. M.）が、ローウェンフェルト（Lowenfeld, M.）の「世界技法（The World Technique）」をもとに、ユング（Jung, C. G.）の分析心理学の考え方を導入して発展していきました。日本には、1965 年に河合隼雄によって「箱庭療法」という呼び方で紹介され、現在も広く用いられています。

　弘中（2014）は、箱庭療法の治療的要因について次のように述べています。「クライエントは箱庭を通じて自分の内的世界を表現するが、それは同時に深

い情動体験を引き起こす。すなわち、外的な表現に対応してクライエントの内的な衝動やイメージが揺さぶられ、内的世界そのものの整理、統合がもたらされることになる。」、「内的世界を表現することは、内的エネルギーに新しい動きを与える。すなわち、抑圧されたり歪められたり、また方向づけを失っていた内的エネルギーを適切に水路づけ、自我レベルにおいて利用可能な状態にする」ということです。このように遊戯療法と同様、内的世界を表現することそれ自体が治療的意義をもつのです。制作時は、セラピストとの信頼関係の元に表現されることが重要であり、セラピストによる受容的な見守りに支えられ、クライエントは治療場面と砂箱を「自由で保護された空間」と感じ、安心して自己表現できるようになります。

　箱庭作品の見方について、河合（1969）は、「箱庭表現は、あくまでも、クライエントとセラピストの二者関係の中で起こってくる『反応』であり、分析的な解釈を駆使して、知的にかかわっていくものではなく、解釈は必ずしも言語化する必要はない」と述べています。また、公式のように象徴解釈を当てはめることは、生きた治療関係を壊してしまうことにもなり、危険だとも指摘しています。箱庭表現を見る際には、1回の箱庭作品のみを見るのではなく、継続して見ていき、作品の変化や発展に注目する姿勢が望まれます。また、作品の細かい部分を見るのではなく、全体的な統合性を見て、そこから受ける印象を大切にし、味わうことを大切にします。そして、セラピストとクライエントの間に箱庭が入ることによって三者関係になり、クライエント自身が、自分の作品を眺め、味わうという体験をし、クライエント自らが表現から得る気づきを得て、自己治癒力が高まり、治癒に向かっていくと考えます。

3　コラージュ療法（collage therapy）

　コラージュ（collage）とは、coller というフランス語から由来する言葉で、「にかわで貼る」という意味です。20世紀初頭に美術の表現方法として誕生しました。この表現方法を心理療法に用いるのがコラージュ療法です。前述の箱庭療法は、河合によって日本に導入されてから幅広く実施されていきましたが、

箱庭制作には砂箱などが必要なため、箱庭が設備されていない所では実施できませんでした。そこで、1987年に、森谷が「持ち運べる箱庭」との発想でコラージュ療法を開発しました（森谷，2012）。

　やり方は、①コラージュ・ボックス法と②マガジン・ピクチャー・コラージュ法があります。①コラージュ・ボックス法は、セラピストが予め素材を切り抜いて箱に入れておき、クライエントが自由に好きなものを選んで台紙に貼るというやり方です。②マガジン・ピクチャー・コラージュ法は、雑誌やパンフレットなどをクライエントが持参し、その中から心惹かれるものを自分で見つけ、切り抜き、台紙に貼るというやり方です。どちらのやり方においても、ただコラージュ作品を完成させることが目的ではありません。実施の際には、セラピストとクライエントの関係性が重視されます。セラピストには、クライエントの自由な表現を保障し、安全を確保する態度が求められます。

　今村（2019）は、コラージュ療法の治療的効果について、箱庭療法の治療的効果をまとめた木村（1985）の視点と共通しているとし、次の4つを挙げています。①心理的退行、②守られた中での自己表出、③内面の意識化、④自己表現と美意識の満足です。クライエントはコラージュを制作しながら懐かしいと感じたりします。そして、写真やイラストを切ったり貼ったりするという体験は①の通り、心理的退行を促すと考えられます。また、②については、コラージュ療法では、画用紙、セラピストの存在、治療構造という3つの守りがあり、これら幾重にも重なった守りによってクライエントは自己の内面を安心して表現できるとしています。③、④については、コラージュ療法は、表現しながら感じるものであると同時に、クライエント自身が自分の作品と向き合って感じる、すなわち、気づきや洞察を得ることもできるとしています。自分の作品を見て、満足感を得たりし、作品に対して愛着をもったりする感覚が生じやすいとしています。

　コラージュ作品の見方についても、箱庭療法と同様、1枚の作品だけで解釈するのは危険であり、何回か継続し、その流れで心理的変化を見ていきます。

⑤ 心理臨床を行う上での留意点

　子どもの個性や困りごとなどは、一人ひとり異なります。したがって、実際の実践活動では、子どもの特性や状況を鑑み、子どもに合ったアプローチを選択し、実施することが重要となります。よって、対人援助職を志す人は、様々な理論や治療法について学んでいってほしいと思います。

■参考・引用文献

弘中正美　（2014）　遊戯療法と箱庭療法をめぐって　誠信書房　pp.11-49, pp.99-119.

堀部要子　（2022）　小学校におけるスクールワイドの短時間 SST の効果　名古屋女子大学文学部児童教育学科編　児童教育論集, 6, 20-29.

今田雄三　（2017）　心理臨床家の養成における「型」の意義についての再考──『異文化』としての精神医学の知識の習得をめぐって　鳴門教育大学紀要, 32, 93-106.

今本繁　（2019）　自分を変えたい人のための ABC モデル──教育・福祉・医療職を目指す人の応用行動分析学（ABA）（改訂版）　ふくろう出版.

今村友木子　（2019）　第 1 章　コラージュ療法の魅力　今村友木子・二村彩・加藤大樹・今枝美幸　コラージュ療法　材料からの再考　ナカニシヤ出版　pp.1-19.

Kanner,L.　（1935）　*Child Psychiatry*. Springfield: Charles C. Thomas Publisher. （黒丸正四郎・牧田清志訳（1974）　カナー児童精神医学（第 2 版）　医学書院）.

河合隼雄編　（1969）　箱庭療法入門　誠信書房　pp.3-51.

木村晴子　（1985）　箱庭療法　基礎的研究と実践　創元社.

栗原慎二　（2018）　PBIS 実践マニュアル＆実践集　ほんの森出版.

森岡正芳　（2015）　臨床ナラティヴ・アプローチ　ミネルヴァ書房.

森谷寛之　（2012）　コラージュ療法実践の手引き　その起源からアセスメントまで　金剛出版　pp.11-155.

齋藤順一・富田望・熊野宏昭　（2020）　保健医療分野への認知行動療法の適用と課題──うつ病・不安症 / 不安関連障害・摂食障害について　認知行動療法研究, 46, 67-77.

Chapter 12

子どもの精神疾患

　精神疾患は成人の疾病のように考えられていた時代もありましたが、現在では抑うつ症群、摂食症群、解離症群、神経発達症群など、子どもであっても支援や治療が必要な精神疾患があるという考えに大きく転換しています。この章では、そうした支援や治療が必要な子どもの精神疾患を中心に解説します。

　子どもの病気、特に精神疾患の場合には、医療だけにとどまらず、学校教育、家庭環境、福祉など、様々な領域が関与した支援が必要です。小児科医、児童精神科医、看護師、心理士（師）、ソーシャルワーカー、養護教諭、学校担任などの職種が、互いにリエゾン関係を作ること、即ち連携が求められています。

　子どもの精神疾患には、原因が生来的なものと成育環境により発症するものがありますが、どちらとも区別がつかないものもあります。内科的な疾患と異なり、発症原因がはっきりしないことも多く、出生時から現在までの成育歴を詳しく聴取することが必須となります。また、子どもが置かれてきた環境にも注意を向け情報を得る事で、子どもの状態を把握できることも多くあります。子どもの精神疾患の対応を考える場合は、その種類にかかわらず、心理社会的なアプローチ、即ち環境調整が最も大切になります。

　子どもの精神疾患には、疾患と呼べないような軽度なものから、神経発達症群の二次障害、虐待、不適切な養育などで発症する深刻なものまであります。共通していることは、ストレス過多が精神疾患発症に大きく関与していることです。子どもにかかわらず精神疾患は、早期に見つけて早期に対応することで発症を防げる可能性や、発症しても比較的早期に寛解に導くことが期待できます。特に、子どもの場合は第1部第2部で解説しているように、発達過程の途

上にあり心身未分化、自他未分化のため、対処能力が限られています。子ども
の心身に起きる変化の早期発見、早期対応は、子どもの将来に起きるかもしれ
ない精神疾患を防ぐことにもつながります。

　ストレスが原因で身体の不調がなぜ起きるのか、心身症の病態がわかると理
解が深まります。そこで心身症について最初に解説します。その上で、子ども
の抑うつ症群、双極症群、心的外傷後ストレス症（PTSD）、解離症群、機能性
神経学的症状症（変換症）、強迫症、摂食症群、統合失調スペクトラム症につ
いて、18歳までの子どもに焦点を当てて解説します。

1　心身症

1　心身症とは

　日本心身医学会による定義では、「身体疾患の中で、その発症や経過に心理
社会的因子が密接に関与し、器質的ないし機能的障害が認められる病態をい
う。ただし、神経症やうつ病など、他の精神障害に伴う身体症状は除外する」
となっています（日本小児心身医学会，2015）。米国精神医学会が定める精神疾
患の診断基準であるDSM-5-TRでは、身体症状症および関連症群の一部に相
当しますが、この中には「心身症」という言葉はなく、心身症より重篤な状態
が対象になっています。

2　心身症発症のメカニズム

　ストレスによって生じる身体反応が心身症です。人間関係において感じる何
らかの危機感のみならず危険が予想されるような出来事や成育環境、社会環境
などが、心身症発症に関係する因子となります。

　ストレスは、自律神経系と関係があり、自律神経系は、心身症の発症に関係
します。心理社会的ストレッサーが加わり、それがストレス耐性およびストレ
ス感受性を上回ると、自律神経系・内分泌系・免疫系機能のバランスが崩れ身
体症状を発症します（図12-1）。ですから、ストレスによって生じる身体反応

は、症状が現れる体の場所や症状そのものも様々であり、しばしば原因が見つけにくくなります。

　いくつか心身症の具体例を示します。全く異なる疾病のように見えますが、ストレスによって生じているという共通点があります。

3　心身症の具体例（表12-1）

　(1)　**起立性調節障害**　　ストレスにより自律神経系のアンバランスが生じ、起立時に身体や脳への血流が低下することにより起こります。表12-2にあるような症状が3つ以上見られます。症状は日によって、天候によって異なり、春〜夏に悪くなることが多い傾向にあります。また、学校を休むと症状が軽減する、気にかかっていることを言われると症状が増悪する、等が見られます。脳腫瘍、免疫疾患など別の病気でも、この状態が生じるので注意が必要です。

　起立性調節障害を診断するための起立試験という検査があります。そして起立試験（10分間安静の状態で横になった後に起立し、心拍数や血圧の変化を測定）を行い、以下の4つのどのタイプに当てはまるかを判定します。

①起立直後性低血圧；起立直後に血圧低下が起こり、回復に時間がかかる。
②体位性頻脈症候群；起立後の血圧低下はなく、心拍数が異常に増加する。

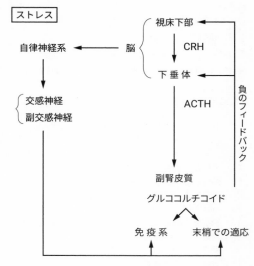

CRH：コルチコトロピン
ACTH：副腎皮質刺激ホルモン
グルココルチコイド：副腎皮質ホルモン

図12-1　ストレス反応経路

③血管迷走神経性失神；起立中に急激な血圧低下が起こり、失神する。

④遷延性起立性低血圧；起立中に徐々に血圧低下が進み、失神する。

　最も多いタイプは、①の起立直後性低血圧症です。

(2)　**過敏性腸症候群**　　体の内臓などに異常はなく、精神的要因により腹痛、下痢、便秘などの症状が出る状態です。典型的な例として、登園や登校前に腹痛、下痢があり登園、登校ができないのに、休日や祭日には症状が軽減、消失する、定期試験になると腹痛、下痢がひどくなるのに、試験が終わると良

表 12-1　小児によくみられる心身症

呼吸器系	気管支喘息、過換気症候群
循環器系	起立性調節障害、心悸亢進
消化器系	過敏性腸症候群、摂食障害、反復性腹痛、呑気症、便秘、下痢、異食症
内分泌・代謝系	肥満症、周期性嘔吐症
神経・筋肉系	頭痛、めまい、チック、夜驚症、運動麻痺
皮膚科領域	アトピー性皮膚炎、円形脱毛症、抜毛症、皮膚掻痒症
泌尿・生殖器系	遺尿症、遺糞症、神経性頻尿
産婦人科領域	月経痛、無月経
眼科領域	視力低下
耳鼻咽喉科領域	聴力障害、アレルギー性鼻炎、咽喉頭異常感症、吃音

表 12-2　起立性調節障害の症状

1.　立ちくらみ、あるいはめまいを起こしやすい
2.　立っていると気持ちが悪くなる。ひどくなると倒れる
3.　入浴時あるいは嫌なことを見聞きすると気持ちが悪くなる
4.　少し動くと動悸あるいは息切れがする
5.　朝なかなか起きられず午前中調子が悪い
6.　顔色が青白い
7.　食欲不振
8.　臍疝痛 (せいさいせんつう) へその周囲の痛みをときどき訴える
9.　倦怠あるいは疲れやすい
10.　頭痛
11.　乗り物に酔いやすい

これらの項目のうち 3 つ以上当てはまる、あるいは 2 つであっても症状が強いなどの場合、起立性調節障害を疑う。

（日本小児心身医学会 編、2015）

くなる、という状態です。腹痛のみの場合を反復性腹痛と言います。

(3) **周期性嘔吐症**　「自家中毒」「アセトン血性嘔吐症」とも言います。ストレスが起こると、身体の脂肪の分解が亢進して、「ケトン体」という物質が体内に急に増えます。ケトン体は悪心・嘔吐を起こす物質で、急に具合が悪くなり、一日に何度も嘔吐が続きます。4歳〜7歳が好発年齢です。やせ形でかつ情緒不安定で神経質な小児に多く見られます。脱水を生じるため水分補給が必要です。医療機関で静脈注射による水分補給を受け、ケトン体を尿中に排泄すると早く回復します。年齢が上がると自然に発症しなくなります。

(4) **二次性夜尿症、遺尿症、遺糞症、神経性頻尿**　一度自立が確立した後に再び睡眠中に不随意に排尿することが5歳以上で少なくとも週に2回、3カ月以上持続する場合を二次性夜尿症と言います。昼間に下着の中に漏らしてしまうものも含めて遺尿症と言います。遺糞症は、一度自立が確立した後に4歳以上で無意識にあるいは意識的に下着や床に大便を漏らすものを言います。神経性頻尿は、膀胱炎などの疾患のない頻尿です。

いずれも、入学、入園などの精神的緊張や親の叱責などの心因的原因により起こります。幼児期から学童期に多く見られます。

(5) **抜毛症**　抜毛症は、不安・緊張や、心理的葛藤が原因となり、繰り返し自分の毛を抜く行為です。頭髪が多いですが、眉毛、睫毛、手足の体毛や産毛、陰毛等を抜く事もあります。学童期から思春期が好発年齢です。

なお円形脱毛症については、「ストレスはきっかけに過ぎず、頭髪に自己免疫反応が起きて発症する」と考えられていて、心身症というより免疫系の疾患と考えられています。まだ原因は不明です。

(6) **チック症**　チック症とは、意図しない突発的、急速、反復性、非律動性、情動的な運動あるいは発声です。幼児期後半から学童期に発現し、男児に多く見られます。運動性チックと音声チックがあります。運動性チックは首をかしげる、首を振る、瞬きなどで、音声チックは咳払いや鼻を鳴らすなどです。大部分が暫定的チックと言われる、1年以内に消失する一過性のチック症です。多彩な運動性チックと音声チックをもつトゥレット症という難治性もあ

りますが、人口1000人当たり3～8人程度と稀です（国立精神・神経医療研究センター，2023）。

(7) **過換気症候群**　心理的ストレスや、身体的ストレスが誘因となって、過剰な呼吸（過換気）が起こります。過換気が起こると、動脈血の二酸化炭素濃度が低下し、脳や心臓の血管が収縮し、脳血流量の減少から意識低下、筋肉の痙攣等が起こります。学童期から20歳代女性に多く見られます。過換気が起きたら、すぐに紙袋を口と鼻をおよう様に当て、袋の中の空気をゆっくりと再呼吸させるペーパーバック法を試みます。

4　心身症の治療

　心身症の症状は他の身体疾患でも起きますので、まず体の各臓器に異常がないか、病気が隠れていないか、検査をします（除外診断）。異常が見つからない場合、発症の誘発因子およびその継続因子となっている心理社会的ストレスを探ります。その際、悩みの傾聴、受容、共感が重要です。心理療法として、カウンセリング、家族療法、行動療法、リラクゼーション法、自律訓練法、遊戯療法、箱庭療法、絵画療法、コラージュ療法などがあります。

　発症の原因と思われる要因がわかった場合は、環境調整などの心理社会的支援を行います。家族と協力して支援をしていく事が効果的ですが、家族関係が悪い場合もあるので注意が必要です。最終目標は、ストレス耐性を高め、自己肯定感を回復し、ストレス対処法の獲得と維持ができることです。

　心身症の様々な症状に応じて、必要があれば薬物治療を併用します。

②　子どもに起きる精神疾患

1　抑うつ症群

　小児のうつ病の有病率は、児童期で0.5～2.5％、思春期で2.0～8.0％と報告されています（Harrington, 1994）。1～2年で軽快することが多いですが、再発する可能性も高いと言われています。児童期のうつ病での性差は見られま

せんが、思春期になると女性の割合が多くなります。DSM-5-TR の診断基準では、「抑うつ気分」または「興味または喜びの喪失」のどちらかがあり、次の症状を含む5つ以上の症状が2週間以上存在している場合をうつ病と診断するとしています。「食欲の減退又は増加」、「不眠または過眠」、「精神運動興奮または制止」、「易疲労感または気力減退」、「無価値観または罪責感」、「思考力・集中力の減退または決断困難」、「自殺念慮、自殺計画、自殺企図」です（高橋ら，2023）。

　病態は、脳神経細胞のシナプスから放出される神経伝達物質の中のモノアミン系（セロトニン、ノルアドレナリンなど）の活性低下が関与している可能性が指摘されています。うつ病発症のメカニズムは、素因、心因、身体因が複雑に関係して生じていると考えられています。素因とは、体質的素因、脳内アミン代謝系の脆弱性、視床下部・下垂体系の脆弱性、ストレス脆弱性などです。心因とは、性格因、状況因、心理的葛藤、社会文化的要因などです。身体因とは、身体疾患、疲労などです（傳田，2002）。

　子どものうつ病の症状は大人のうつ病と異なり、抑うつ状態が身体症状として表れにくく、また言葉で表すことも難しいので、イライラ感、身体的愁訴、社会的ひきこもり（不登校）を呈することが多く見られます。そこで、DSM-5から重篤気分調節症という診断基準が新設されました。6〜18歳の子どもで、激しい暴言や物理的攻撃が繰り返され（激しい繰り返しのかんしゃく発作）、その発作は状況やきっかけに比べて強さや長さが逸脱していて、平均週3回以上起きる場合に診断されます。このような発作がない間でも、ちょっとしたことで怒りが爆発する状態が続きます。また、前記状態は2つ以上の場面（家庭内、学校など）で見られ、12カ月以上続き、かんしゃく発作がない時期が3カ月以上続くことはありません（高橋ら，2023）。

　治療は、まず十分な休養をとることです。また、干渉せず傍らにより沿い共に考えていくような精神療法的アプローチを行うことが有効です。認知行動療法、絵画療法、箱庭療法などが適応の場合もあります。家族の協力は不可欠であり、家族への精神的配慮も必要です。その上で、薬物療法を併用します。薬

物療法の効果は、1〜2週間で現れますが、本来の状態まで回復するのに平均3カ月かかります。再発を防ぐためには、症状が消失してからもその後約6カ月間は服薬を続け、その後2〜3カ月かけて徐々に薬を減量していきます。副作用は、薬を始めた直後から現れることが多いので、投与量を少量から始めて、副作用の発現を慎重に観察していくことが重要です。選択的セロトニン再取り込み阻害薬（SSRI）が使われることが多いのですが、症状の悪化、情緒不安、自殺願望等の徴候などについて、特に投与開始後1カ月間は注意深く観察する必要があります（傳田，2010）。

2　双極症群

　双極症とは、明確な躁状態の時期とうつ状態の時期がある状態で、躁エピソードと抑うつエピソードのある双極症Ⅰ型と軽躁エピソード（躁エピソードよりも軽い）と抑うつエピソードのある双極症Ⅱ型があります。明確な躁状態が少なくとも1週間ほぼ毎日起きる場合を躁エピソードと言い、軽躁状態が少なくとも4日間ほぼ毎日一日の大半起きる場合を軽躁エピソードと言います。子どもの場合、短期間に躁とうつが交代する型や、一日のうちで躁とうつが見られる日内交代型が多く見られます。症状は、9歳まではイライラした気分や情緒不安定、攻撃性、破壊的行動、注意欠如多動等が目立ちます。9歳以降では多幸感、誇大感等が多く見られます。また、幻聴も多く統合失調症と誤診されることもあります。1〜2年以内に回復しますが、1年以内に再発することが多く、再発すると予後は不良です。子どもの場合、躁とうつが明確でなくうつ病だけが目立つことがあり注意が必要です。治療は心理療法と薬物療法です。心理療法はうつ病と同様ですが、薬物療法は異なり、気分安定剤を用います（斉藤，2009）。双極症に抗うつ剤を用いると、うつ状態から躁状態に急激に移行し、自殺行為に走る可能性が高くなり危険です。

3　心的外傷後ストレス症（PTSD）

　DSM-5-TR の心的外傷およびストレス因関連症群の中のひとつです。反応性

アタッチメント症、脱抑制型対人交流症、急性ストレス症、適応反応症なども
この群に入っています。ここでは、PTSD に関して主に解説します。DSM-5-
TR では、「危うく死にそうになる、重傷を負う、性的暴力を受ける出来事を
直接体験または目撃する、親しい人の出来事を聞くなどをした後に、繰り返し
て心理的苦痛や悪夢などが続き、苦痛の記憶、思考、感情などを回避しようと
努力する状態」としています。子どもの場合、特に 6 歳以下では、苦痛として
現れるのではなく、出来事が遊びの対象となって繰り返す場合があります。例
えば、東日本大震災後に「つなみごっこ」を繰り返す様子が見られました。ま
た夢の内容や感情は、通常は心的外傷を起こした出来事に関連する苦痛の夢で
すが、子どもの場合、内容のはっきりしない恐ろしい夢の場合があります。遊
びの抑制やひきこもり、重要な活動への関心を減退させ、かんしゃく、いらだ
たしさと激しい怒り、攻撃などで表現されることもあります。このような状況
が 1 カ月以上続きます。上記状態が最短で 3 日間、最長で 1 カ月で回復する場
合、急性ストレス症と言います。

　適応反応症は、はっきりと原因が確認できるストレスに反応して、3 カ月以
内に不安や抑うつ症状などが出る場合を言いますが、そのストレスがなくなる
と、その後その症状が 6 カ月以上続くことはありません（高橋ら，2023）。

4　解離症群・神経学的症状症（変換症）

　解離症群とは、解離性同一症（多重人格障害）、解離性健忘、解離性遁走、離
人感・現実感喪失症などです。解離性同一症では、平均 7 つの人格をもちま
す。身体的虐待や性的虐待が原因であると言われており、不適切な養育を受け
た子どもたちの 19 ～ 73％に解離性障害が認められています。解離性健忘は、
ある時間枠に生じた出来事を忘れる場合や、全生涯の記憶を忘れる場合などが
あります。解離性遁走は、解離性健忘のひとつであり、突然いなくなり、その
間の事は覚えていません。離人感・現実感喪失症とは、外部（すりガラスなど
を通して）から現状を見ているような感覚で、現実感がない状態です。

　神経学的症状症（変換症）とは、検査しても明らかな異常がないにもかかわ

らず、説明不能のけいれん、麻痺、歩行障害、咳、失声、視覚障害などが起きる状態で、背景に心理要因の関与が推測される場合です。小児神経科の外来患者の10％に認められています。女性の比率が年齢とともに多くなり、青年期後期には男：女＝1：6〜1：9（成人の比率）です。

　子どもの場合、正常発達段階で認められる空想や想像遊びとの区別が難しいこと、言葉で表出することが難しいこと、症状が多様であることなどがあり、診断が難しい場合があります。子どもの空想や想像遊びとは、例えばひとりで何役もやる「ごっこ遊び」で、誰かと語り合うようにして遊びます。児童期（小学生）になると次第に見られなくなりますが、はっきりとした線引きは難しいのです。

　治療の際には、症状の背景にある心理的葛藤やトラウマ体験を処理し解決する必要があります。しかし、現実的には処理解決に時間がかかるので、まず安心感を保証しながら、自らの感情やストレスサインへの気づきと、自己コントロール力を高める手法が主流となります。児童青年期の場合、子ども本人の回復力を支えていけば、短期間で症状が消失する場合もあります。治療が難航する場合は、薬物療法を組み合わせていきます（亀岡，2010）。

5　強迫症群

　「鍵をかけ忘れたように思い、家に戻って確認する」ことを何度行っても不安になる、「手が汚れていると思って手を洗う」を何度行っても手が汚いように感じて洗い続ける、などの場合は日常生活に支障が出る状況です。このようなことを強迫行為と言い、不安や苦痛を伴います。また、「自分が他者を攻撃してしまうのではないか」「ほこり、物、自分の手などが汚い」などの思考が繰り返す状態を強迫観念と言い、強迫行為同様に不安と苦痛を伴って生活に支障が出ます。この強迫観念または強迫行為は、強い苦痛と共に時間を浪費させ（1日1時間以上）、また本人の正常な毎日の学業機能、社会的活動、他者との関係性を障害します（小平，2010）。

　子どもの強迫症の遺伝は45〜65％あるとされています。児童期発症の強迫

症では、男：女 =2 ～ 3：1ですが、思春期以降では男女比はほぼありません。また、注意欠如多動症、うつ病、チック症などの合併障害が多く見られます。重症度評価尺度として、Goldman らによる 6 ～ 17 歳を対象とする CY-BOCS（children Yale-Brown obsessive compulsive scale）があります。

　治療は、認知行動療法、特に暴露反応妨害法が有効です。この方法は、強迫症が子ども自身の責任で起こっているものではないことを明らかにすることを目的とします。ひとりでも、強迫症状に対して防御する計画が立てられるようにします。親のサポートも重要です。幼児や小学校低学年の場合は、遊戯療法が役に立つ場合があります。薬物治療では、選択的セロトニン再取り込み阻害薬（SSRI）が中心ですが、十分な効果は期待できません。重症化・遷延化する場合は、入院治療を行う場合があります。

6　摂食症群（神経性やせ症、神経性過食症）

　神経性やせ症は、子どもまたは青年の場合は、期待される最低体重を下回っているにもかかわらず体重増加をひどく怖がり、必要量のカロリー摂取を制限してやせが進行し、死亡リスクが高い疾患です。過去 3 カ月の間に過食・排出行動の反復的エピソードがある場合を過食・排出型と言い、その反復的エピソードがない場合を摂食制限型と言います。BMI17kg/m^2 未満は軽度、15kg/m^2 以下は重度となります。男女比は 1：10 であり、ボディイメージの歪みがあります。家族関係に問題がある、虐待、体重や体形を批判された経験などがリスク要因です（三村ら，2019）。

　神経性過食症は、満腹感を感じないので過食を制限できず、肥満を防ぐ目的で不適切に代償行動（自己誘発的おう吐、下剤を飲むなど）を繰り返します。このエピソードが 3 カ月にわたって少なくとも週に 1 回は起きる場合を神経性過食症と言います。標準体型の範囲内にありますが、体重や体型、食物に関して嫌悪感があり、対人関係でのストレスなどが誘因になります。男女比は 1：10 です（高橋ら，2023）。子どもの場合、神経性やせ症のように見えても精神的ストレスで食事ができない状況の場合があること、標準体重が年齢で異なること

などに注意する必要があります。

　治療は心理社会的治療が重要です。薬物療法も行う場合がありますが特効薬はありません。やせが進行し死亡リスクがある場合は救命目的で入院治療を行います。

7　統合失調スペクトラム症および他の精神症群

　統合失調スペクトラム症および他の精神症群には、統合失調症、他の精神症、統合失調型パーソナリティ症が含まれます。統合失調スペクトラム症には、妄想症、短期精神症、統合失調症様症、統合失調症、統合失調感情症があります。症状が持続して6カ月以上続いている場合を統合失調症と診断します。統合失調症の症状は、妄想、幻覚、発話の統合不全（例：頻繁な脱線または滅裂）、行動の著しい統合不全またはカタトニア性[1]の行動、陰性症状の5つがあり、診断にはこれらの症状のうち2つ以上がある事、またそのうちひとつは妄想、幻覚、発話の統合不全のどれかであることとされています（高橋ら，2023）。

　発症年齢の下限は7～8歳ですが、10歳以下はまれです。15歳過ぎより増加し始め、18歳から急激に増加します。性差はありません。幻覚あるいは妄想の存在が不可欠ですが、小児の場合、たとえ幻覚や妄想が認められても、成人に比べて対象や内容が不明確であることが多いため、診断は困難です。

　小児の臨床症状の特徴を以下に示します（松本，2010）。

① 　幻視のみられるものがある

② 　幻聴内容が不鮮明なものや一過性のものが多い

③ 　幻想構築はまれである

④ 　奇妙な考えや知覚体験、常軌を逸した興味、感情の変化、異常体験などが

---

1) カタトニアとは、興奮や昏迷といった症状をメインに、自発的な行動をとることが難しく、他者からの働きかけにも拒絶的になる状態です。カタレプシー（誰かにとらされた姿勢を長時間保持してしまう症状）、不自然な姿勢（天井に向けて手をあげたまま、足をあげたままなど、不自然でつらい姿勢をとったまま保持し続ける状態）、無言症・拒絶症・しかめ面（表情や態度、行動で拒否を示す）などがあります。

見られることもある

⑤　強迫行為を示すものが多い

　成因は、遺伝的要因（親が統合失調症の場合、この発症危険率は10％）と環境的要因（ストレスなど）の相互作用によると考えられています。病因の仮説はいくつかありますが、解明には至っていません。予後は、成人発症例と比べてより子どもの発症の場合は重篤な経過をとりやすいとされています。治療法は薬物療法が中心になり、継続した服薬が必要になります。家族も含めた心理療法が必要です。

■参考・引用文献

傳田健三　（2002）　子どものうつ病　金剛出版 .

傳田健三　（2010）　うつ病　小児科診療, 73（1）, 73-78.

Harrington, R.　（1994）　Affective disorder. In M. Rutter, E. Taylor, L. Hersov (Eds.) *Child and Adolescent Psychiatry: Modern Approaches*, 3rd ed. Blackwell Science, Oxford. 330-350.

亀岡智美　（2010）　解離・転換性障害　精神医学, 52（5）, 461-466.

小平雅基　（2010）　強迫性障害　精神医学, 52（5）, 453-459.

国立精神・神経医療研究センター　ホームページ　（2023）　チック症・トゥレット症 https://www.ncnp.go.jp/hospital/

斉藤万比古　（2009）　子どもの心の診療シリーズ8　子どもの精神病性障害　中山書店 .

松本英夫　（2010）　統合失調症　精神医学, 52（5）, 445-451.

日本小児心身医学会　（2015）　小児心身医学会ガイドライン集改訂第2版　南江堂 .

三村将・幸田るみ子・成本迅　（2019）　精神疾患とその治療　医歯薬出版 .

高橋三郎・大野裕監訳　（2023）　DSM-5-TR　精神疾患の診断・統計マニュアル　医学書院 .

Chapter 13

子どもの発達障害
（障害全般）

　発達障害は、1970年のアメリカ公法（発達障害サービス法）において初めて定義されました。最初に含まれた障害は、精神遅滞、脳性麻痺、てんかんのみでしたが、1975年には自閉症と一部の学習障害が加えられました。さらに、1978年（アメリカ公法，PL95-602）において、重度の慢性的な障害をもっていること、精神的あるいは身体的障害に起因すること、発達期（22歳以前）に障害が出現していること、将来にわたり障害が続くと思われるもの、「身辺自立、言語、学習能力、移動能力、自己統制、生活の自立、経済的自立」のうち、3つ以上の項目で機能上の制限があり、生涯にわたって支援を必要としていることとされ、その対象疾患は、知的障害・癲癇（てんかん）・脳性麻痺だけでなく、自閉症など広汎性発達障害、感覚障害、神経障害、慢性疾患などに拡大されました。

　一方、わが国の福祉や教育行政施策上の発達障害は、後述する「発達障害者支援法」の定義を根拠としています。本章ではアメリカ精神医学会、世界保健機構、そして、わが国の福祉行政における発達障害の定義を述べた上で、各々の発達障害について概説します。

1 発達障害とは

1 アメリカ精神医学会による定義
　1980年、アメリカ精神医学会の「精神障害の診断と統計のためのマニュアル・第3版（DSM-Ⅲ）」において、「発達障害」が初めて明確に示されまし

た。このDSM-Ⅲでは、知的障害として精神遅滞を、発達障害として広汎性発達障害（Pervasive developmental disorders；PDD）と特異的発達障害（Specific developmental disorders；SDD）をまとめました。そして、1987年の改訂版（DSM-Ⅲ-R）において「発達障害」という項目のもとにこれらの障害は包括され、精神遅滞は「全般的な遅れ」、広汎性発達障害（自閉症など）では「広範な領域における発達の質的な歪み」、そして、特異的発達障害では「特定の技能領域の獲得の遅れまたは失敗」が特徴であるとされました。

1994年、アメリカ精神医学会は、WHOの国際疾患分類・第10版（ICD-10）との整合性を考慮して第4版（DSM-Ⅳ）を公表しました。このDSM-Ⅳでは、学習障害、運動能力障害、コミュニケーション障害、広汎性発達障害は第Ⅰ軸（臨床疾患）に、精神遅滞は人格障害とともに第Ⅱ軸にコードされ、共に「通常、乳幼児・小児・青年期に初めて診断される障害（Disorders Usually First Diagnosed in Infancy, Childhood or Adolescence）」に分類されました。2000年改訂のDSM-Ⅳ-Text Revision（DSM-Ⅳ-TR）では、DSM-Ⅳの診断基準が一部変更されたものの大幅な修正は行われませんでした。

2013年5月改訂のDSM-5では、「神経発達症群／神経発達障害群（Neurodevelopmental Disorders）」という新しいカテゴリーが示されました。DSM-5では、DSM-Ⅳの「通常、幼児期、小児期、または青年期の他の障害」に含まれた障害の中で、DSM-5の神経発達症群／神経発達障害群に残っているものと除外されたものがあります（図13-1）。また、DSM-Ⅳにおいて「障害」と訳された障害名の多くがDSM-5では「症」と「障害」を併記する邦訳となりました。これは、病名・用語はよりわかりやすいものであること、患者の理解と納得が得られやすいものであること、差別意識や不快感を生まない名称であること、国民の病気への認知度を高めやすいものであること、直訳が相応しくない場合には意訳を考え、アルファベット病名はなるべく使わないことなどが理由とされています。

なお、2013年に公開されたDSM-5ですが、そのテキスト改訂版（text revision）、すなわちDSM-5-TRが2022年3月に米国で公刊され、日本語版が

DSM-5 神経発達症群 / 神経発達障害群	DSM- Ⅳ 通常、幼児期、小児期、または 青年期に初めて診断される障害
・知的能力障害群 ・コミュニケーション症群 / 　　　コミュニケーション障害群 ・自閉スペクトラム症 / 　　　自閉症スペクトラム障害（ASD） ・注意欠如・多動症 / 　　　注意欠如・多動性障害（ADHD） ・限局性学習症 / 限局性学習障害（SLD） ・運動症群 / 運動障害群 ・他の神経発達症群 / 　　　他の神経発達障害群	・精神遅滞 ・コミュニケーション障害 ・広汎性発達障害 ・注意欠陥および破壊的行動障害 ・学習障害 ・運動能力障害 ・チック障害 ・排泄障害 ・幼児期または小児期早期の哺育、摂食 　障害 　※この項目の中に含まれる障害の一部が 　　DSM-5 の神経発達症群から除外

図 13-1　DSM-5「神経発達症群 / 神経発達障害群」に含まれる障害、DSM- Ⅳとの対比

2023 年 6 月に発刊されています。DSM-5-TR では、後述する ICD-11 に対応する形で、病名の disorder を disability の邦訳として広く使われている「障害」ではなく「症」とすることが明確に示されました。DSM-5 における「神経発達症群／神経発達障害群」は DSM-5-TR では「神経発達症群」とされ、知的能力障害群は知的発達症群に、その下位分類である知的能力障害（知的発達症／知的発達障害）は知的発達症（知的能力障害）とされました。また、コミュニケーション症群／コミュニケーション障害群はコミュニケーション症群、自閉スペクトラム症／自閉症スペクトラム障害は自閉スペクトラム症、注意欠如・多動症／注意欠如・多動性障害は注意欠如多動症、限局性学習症／限局性学習障害は限局性学習症、運動症群／運動障害群は運動症です。

2　世界保健機構（WHO）の定義

　1992 年に公刊された WHO の「疾病及び関連保健問題の国際統計分類・第 10 版（ICD-10）」では、「精神遅滞」と「心理的発達の障害」が並列的に位置づけられました。その理由は、精神遅滞にはあらゆるタイプの精神障害が合併する可能性があり、症状の発現には、社会的および文化的な影響が関与する可能性があるからです。一方「心理的発達の障害」の共通点は、発症が常に乳幼児

期あるいは小児期であること、中枢神経系の生物学的成熟に深く関係した機能発達の障害あるいは遅滞であること、精神障害の多くを特徴づけている、寛解や再発が見られない安定した経過であることとされました。このICD-10において「心理的発達の障害」に位置づけられた発達障害の分類は、会話および言語の特異的発達障害、学習能力の特異的発達障害、運動機能の特異的発達障害、混合性特異的発達障害、広汎性発達障害、その他の心理的発達障害、詳細不明の心理的発達障害、多動性障害、行為障害、行為及び情緒の混合性障害、小児（児童）期に特異的に発症する情緒障害、小児（児童）期及び青年期に特異的に発症する社会的機能の障害（吃音など）、チック障害とされています。

2018年、ICD-11（国際疾病分類第11回改訂版）が公表されました。ICD-10において、前述した発達障害が含まれた分類「F00 - F99 精神および行動の障害」は「06 精神、行動又は神経発達症群」とされ（松本, 2022）、表13-1に示す通り、ICD-11の神経発達症群には多くの点でICD-10からの変更が行われました。加えて、これらに関しては病名の変更にのみならず、概念にも変更が加えられている場合が少なくないと言われます（高岡, 2022）。

表13-1 ICD-11 の神経発達症群と ICD-10 との対比

神経発達症群（ICD-11）	対応する ICD-10 の病名
6A00 知的発達症	F7 精神遅滞（知的障害）
6A01 発達性発話又は言語症群	F80 会話および言語の特異的発達障害 F98.5 吃音（症） F98.6 早口症
6A02 自閉スペクトラム症	F84 広汎性発達障害のうち 　F84.0 小児自閉症, F84.3 他の小児期崩壊性障害, 　F84.5 アスペルガー症候群
6A03 発達性学習症	F81 学力の特異的発達障害
6A04 発達性協調運動症	F82 運動機能の特異的発達障害
6A05 注意欠陥多動症	F90 多動性障害のうち 　F90.0 活動性および注意の障害
6A06 常同運動症	F98.4 常同運動障害

（高岡, 2022）

3 わが国の福祉・教育行政施策上の定義

　わが国では、平成17年4月「発達障害者支援法」が施行され、その第二条第一項において「発達障害とは、自閉症、アスペルガー症候群その他の広汎性発達障害、学習障害、注意欠陥多動性障害、その他これに類する脳機能の障害であって、その症状が通常低年齢において発現するものとして政令で定めるもの」と定義されました。これにより、他の障害と比べて教育、福祉、医療、労働など様々な分野で十分な対応がなされてこなかった発達障害への適切な対応が法的根拠をもって展開されるようになりました。この法律は、発達障害のある人々が生涯にわたって、それぞれのライフステージに合った適切な支援を受けられる体制を整備するとともに、この障害が広く国民全体に理解されることを目指しています。

　その後、障害者基本法の一部を改正する法律（平成23年8月公布・施行）や障害者差別解消法（平成25年制定、平成27年「基本方針」閣議決定、平成28年施行）といった法整備が行われるなど、共生社会の実現に向けた新たな取り組みを背景に「発達障害者支援法の一部を改正する法律」（法律第64号）が平成28年5月に成立、同年8月から施行されました。

　以下に、発達障害者支援法の総則に示される目的と定義を示します。

発達障害者支援法

第一章　総則

（目的）

第一条　この法律は、発達障害者の心理機能の適正な発達及び円滑な社会生活の促進のために発達障害の症状の発現後できるだけ早期に発達支援を行うとともに、切れ目なく発達障害者の支援を行うことが特に重要であることに鑑み、障害者基本法（昭和四十五年法律第八十四号）の基本的な理念にのっとり、発達障害者が基本的人権を享有する個人としての尊厳にふさわしい日常生活又は社会生活を営むことができるよう、発達障害を早期に発見し、発達支援を行うことに関する国及び地方公共団体の責務を明らかにするとともに、学校教育における発達障害者への支援、発達障害者の就労の支援、発達障害者支援センターの指定等について定めることにより、発達障害者の自立及び社会参加のためのその生活全般にわたる支援を図り、もって全ての国民が、障害の有無によって分け隔てられることなく、相互に人格と個性を尊重し合いながら共生する社会の実現に

資することを目的とする。

（平二八法六四・一部改正）

（定義）

第二条　この法律において「発達障害」とは、自閉症、アスペルガー症候群その他の広汎性発達障害、学習障害、注意欠陥多動性障害その他これに類する脳機能の障害であってその症状が通常低年齢において発現するものとして政令で定めるものをいう。

2　この法律において「発達障害者」とは、発達障害がある者であって発達障害及び社会的障壁により日常生活又は社会生活に制限を受けるものをいい、「発達障害児」とは、発達障害者のうち十八歳未満のものをいう。

3　この法律において「社会的障壁」とは、発達障害がある者にとって日常生活又は社会生活を営む上で障壁となるような社会における事物、制度、慣行、観念その他一切のものをいう。

4　この法律において「発達支援」とは、発達障害者に対し、その心理機能の適正な発達を支援し、及び円滑な社会生活を促進するため行う個々の発達障害者の特性に対応した医療的、福祉的及び教育的援助をいう。

（平二八法六四・一部改正）

　これまで述べたように、精神医学の領域、すなわち DSM-5 や ICD-11 で示される発達障害とわが国の行政レベルで示される発達障害は異なる場合があることを理解しておく必要があります。また、同じ診断名でも、知的障害の有無、子どもの個性や発達の状況、年齢など、様々な要因により多様な症状を示し、障害ごとの特徴が重なり合っている場合も多く、障害の種類を明確に分けて診断することは大変難しいとされています。また、発達過程においては、環境による影響を受けて問題となる事象が異なる場合があり、主となる診断名が異なってくることがあります。発達障害のある人々への支援では、苦手なことのみにとらわれず、得意なことに目を向け、適切な支援さえあれば、誰もがその人らしく生きていけることをしっかり認識することが重要です。

② 知的発達症（知的能力障害）の理解

　知的発達症（知的能力障害）は、発達期に発症し、概念的、社会的、および実用的な領域における知的機能と適応機能両面の欠陥を含む障害と定義され、

その診断に当たっては以下の3つの基準を満たすものとされます（DSM-5-TR）。

①臨床的評価および個別化、標準化された知能検査により確かめられる、論理的思考、問題解決、計画、抽象的思考、判断、学校での学習、および経験からの学習など、知的機能の欠陥。

②個人の自立や社会的責任において発達的および社会文化的な水準を満たすことができなくなるという適応機能の欠陥、継続的な支援がなければ適用上の欠陥は、家庭、学校、職場、および地域社会といった多岐にわたる環境において、コミュニケーション、社会参加、および自立した生活といった複数の日常生活活動における機能を限定する。

③知的および適応の欠陥は、発達期の間に発症する。

また、ICD-11 では、知的能力とともに適応機能を重視する方向へ診断概念が変更され、標準化されたテストが利用できない場合は、行動指標によって診断することとされました。知的機能の行動指標は、年齢（早期児童期・児童青年期。成人期）と重症度（軽度・中等度・重度・最重度）ごとに観察可能な情報が示され、適応行動の行動指標は、適用機能（概念的・社会的・実用的）と重症度ごとに観察可能な情報が示されています。

知的発達症（知的能力障害）の原因については、ダウン症やレット症候群などの遺伝子疾患のように原因が明らかな場合と、原因がわからない場合があります。知的能力障害は、知能指数の高低だけでなく適応機能の面からも捉えることによって、その障害が個人に内在するものと限定されるのではなく、環境との相互作用の結果であるという理解が可能になります。これにより、知的能力障害を伴う人が社会で人間らしく生きるための環境づくりの重要性が示されると考えます。

③ コミュニケーション症群の理解

コミュニケーション症群は、コミュニケーション能力の障害に関係する神経発達障害の一群です。すなわち、言語症（言語の習得と使用における持続的な困

難：言語発達の遅滞）、語音症（語音の産出における持続的な困難：活舌の悪さ、構音障害）、小児期発症流暢症（吃音）、社会的（語用論的）コミュニケーション症が含まれます。社会的（語用論的）コミュニケーション症は、言語的および非言語的なコミュニケーションの社会的使用における持続的な困難さを有するもので、限定された反復的な行動様式を欠く自閉スペクトラム症の不全型とされています。しかし、社会的（語用論的）コミュニケーション症への特異的な支援手法は見出されておらず、現状では自閉スペクトラム症に準じた支援を行います。

④　自閉スペクトラム症の理解

1　過去の代表的な自閉症研究

　自閉症に関する最初の発表は、1943年のアメリカの精神科医カナー（Kaneer, L., 1894-1981）の「情緒的交流の自閉性障害」によります。カナーは、人や状況とのかかわりができない（極端な閉じこもり）、言葉で他者に意志を伝えられない、強い「こだわり」をもつ（同一性保持の強迫的な欲求）、物と比べて人に対する興味が乏しく、潜在的な認知能力は優れているという共通の特徴を示す11例の症例を「早期乳幼児自閉症」として報告しました。一方、1944年にオーストリアの小児科医アスペルガー（Asperger, H., 1906-1980）がカナーの報告と極めて類似した4例の症例を「小児期の自閉的精神病質」として紹介しました。アスペルガーの報告における症例は、カナーの症例によく似ていましたが、知的な能力が高いこと、言葉の遅れが顕著でなく会話が可能であること、偏りはあるものの人への関心が見られること、という点で異なっています。そして、1960年代後半ラター（Rutter, M.）は、自閉症概念を再検討しました。ラターによれば、自閉症の子どもは、対人関係の障害は比較的容易に改善されるが、言語／認知機能の障害は長期にわたり残存することから、自閉症の基本障害を言語／認知機能の障害とし、対人関係の障害を二次的障害としました。この自閉症の言語／認知機能障害説は、その後の自閉症研究に大きな影響を与

え、DSM-Ⅲにおける自閉症の記述に続くことになりました。

　DSM-Ⅳでは、自閉症を含む、社会性の障害、コミュニケーションの障害、特定のものへのこだわりをもつものを広汎性発達障害（Pervasive developmental disorders；PDD）としました。これは、イギリスの児童精神科医ウィング（Wing, L.）が提唱した「自閉症スペクトラム」という概念に影響を受けていると言われています。この「自閉症スペクトラム」の概念は、社会的相互交渉の障害、コミュニケーションの障害、想像力の障害を「三つ組」として、自閉症を広く連続体として捉える考え方です。

2　自閉スペクトラム症の定義

　自閉スペクトラム症（Autism Spectrum Disorder；ASD）は、①複数の状況で社会的コミュニケーションおよび対人的相互反応における持続的な欠陥があること、②行動、興味、または限定された反復的な行動様式という中核症状、③これらの症状が発達期に存在すること　④これらの症状のために臨床的に意味のある障害が生じている、⑤これらの症状が知的能力障害あるいは全般的発達遅延では説明できない、という基準を満たすものと定義されています。

3　自閉スペクトラム症の原因、状態像

　ASD の原因は、多くの遺伝的な要因が複雑に関与して起こる生まれつきの中枢神経系の障害です。疫学的な調査では、男女比は４：１程度とされています。また、出現頻度に関する報告は様々で、これまで一般的には、人口 10,000 人に対して３〜４人であるとされてきました。しかし、近年の調査では、人口 100 人に対してひとり以上であるとの報告もあります。

　ASD の状態像は、年齢や知的能力障害の有無、症状の程度などによって非常に多様です。乳幼児期の特徴として、「視線が合わない」「人見知りをしない」「指さしをしない」「他の子どもに関心がない」「言葉が遅い」などで気づかれることが多く、「一人遊びが多い」「人のまねをしない」「名前を呼んでも振り向かない」「表情が乏しい」「落ち着きがない」「かんしゃくが強い」など

もよく見られます。ASD の約 7 割は知的な遅れを伴いますが、知的な遅れを伴わず、言語を獲得して良好な学業成績を有する場合もあります。児童期・青年期には、限局性学習症や注意欠如多動症、てんかんを合併しやすいことが知られています。

5　注意欠如多動症の理解

　注意欠如多動症（Attention-Deficit／Hyperactivity Disorder；ADHD）は、「不注意」「多動・衝動性」を主な特徴とする障害で、①不注意、および・または、多動性・衝動性が認められる、②症状のうちいくつかが 12 歳以前に出現している、③症状のうちいくつかが 2 つ以上の状況（家庭、学校、職場、友人や親せきといる時など）で出現している、④これらの症状のために臨床的に意味のある障害が生じている、⑤これらの症状が他の精神疾患では説明できない、という基準を満たすものと定義されています。不注意や多動性・衝動性は、様々な精神疾患の経過で生じる可能性があるので、他の精神疾患で説明できないとの判断が重要とされています。また、環境依存的に症状が出現することもあるため、2 つ以上の状況で症状を確認することが重要です。
　不注意とは、活動に集中できない、気が散りやすい、物をなくしやすい、順序だてて活動に取り組めないなどであり、多動性・衝動性とは、じっとしていられない、静かに遊べない、待つことが苦手で、他人のじゃまをしてしまうなどです。幼児期の子どもの多く（特に男児）は、多少なりとも活動的ですが、活動的すぎる幼児がすべて ADHD というわけではありません。不注意と多動性・衝動性の症状が発達段階と不釣り合いであり、その症状があるために日常生活において不適応を起こしている場合に、ADHD という診断が必要になります。ADHD の子どもは、およそ 3 ～ 5％いると言われており、3 ～ 4：1 で圧倒的に男児に多いことが明らかにされています。
　乳児期における臨床像は、刺激に敏感でよく泣いたり、じっとしていられなかったり、目が離せない、動作が乱暴である、睡眠などの生活リズムが乱れて

いることなどが知られています。このような子どもは、幼児期には自閉スペクトラム症と間違えられることが多いのですが、自閉スペクトラム症は他者とのコミュニケーションの成立が困難であるのに対して、ADHDは、本人の関心の範囲であれば周囲の人とのやりとりができるという点で異なります。

　米国におけるADHD研究の第一人者であるバークレー（Barkley, R.）は、ADHD児の自己コントロール（行動抑制）の弱さを、過去─現在─未来という時間の知覚が弱いために、適切な社会行動が取りにくい状態にあることを指摘しています。そして、その支援に遊びや運動を適度に取り入れて内言語や行動抑制を促進していくことを提唱しています。

　また、ADHD児は「～をする、～をしなければならない」ということは十分に理解でき、行動の目標を立てることはできるのですが、どうしたらそれを実行できるかを企画することが困難です。そのために、失敗を繰り返すことになり、自分が失敗したことにはとても敏感なので自尊感情を損ないやすく、それが二次障害としての情緒障害や問題行動につながっていくことがあります。宮本（2000）は、ADHDの経過について、注意力障害、多動性・衝動性という基本症状は、成長と共に改善する傾向にあり10歳前後を境にその程度が軽減していくのに反して、精神行動面での合併症（不安障害、反抗挑戦性障害など）は、年齢が上がるにつれて増加する傾向にあると述べています。

6　限局性学習症の理解

　限局性学習症（Specific Learning Disorder；SLD）は、医学的には読み書き算数に関する脳機能の限局的な機能障害を想定して定義されています。一方、教育分野では、明らかな知的能力に遅れがないにもかかわらず、学習面で独特な困難があり、集団生活において行動面での問題を来す状態像をLearning Disabilities；LDとしており、両者の間で若干定義が異なります。最近は、定型発達の子どもとは異なる学習アプローチをとるという点から、Learning Differences（学びかたの違い）と呼ぶ場合もあります。

教育的な定義は、1999 年に文部省（当時）がまとめた「学習障害に対する指導について（報告）」によれば、「学習障害とは、基本的には、全般的な知的発達に遅れはないが、聞く、話す、読む、書く、計算する、推論するなどの特定の能力の習得と使用に著しい困難を示す、様々な障害をさすものである」とされ、その背景には、中枢神経系に何らかの機能障害があると推定されています。この定義は、これまで曖昧だった LD の定義を明確に示したという点で意味があります。しかし、1994 年の全米学習障害合同委員会（NJCLD）の定義には「行動の自己調整、社会的認知、社会的相互交渉における問題が学習障害に伴う形で起こりうる」ことが示されていることを考えると、わが国における LD の教育的定義に、学校の中で問題になっている「行動や運動、社会性」の文言が入っていないことは、彼らの教育的ニーズに対応した具体的な支援に限界が生じるとも考えられます。

　医学的な定義における SLD は、①学習や学業的技能の困難を有する、②学業的技能は顕著に、かつ定量的に低く日常生活に意味のある障害を引き起こしている、③学習の困難は学齢期に始まる、④知的能力障害や他の精神疾患・神経疾患、視力・聴力の障害、心理社会的逆境、学業的指導に用いる言語の習熟度不足、不適切な教育的指導ではうまく説明されない、という基準を満たすものと定義されています。医療分野では、ディスレクシアという疾患が知られています。ディスは障害、レクシアは読むという意味です。つまり、ディスレクシアは読字障害となります。文字は読めないと書けませんので、必然的に書字障害が併存します。そのためディスレクシアは、発達性読み書き障害とも呼ばれています。読字障害とは、文字を読む際の正確さや流暢さ、意味理解に困難さを有し、それが持続することで学習に著しい困難が生じている状態を指します。また、書字障害とは、文字のつづり方、文法や句読点、文を書く際に思い浮かぶことをまとめたり、つなげたりすることに困難を有し、それらが持続することで学習に著しい困難が生じている状態を指します。そして、算数障害とは、数の感覚や数的事実の記憶、計算の正確さと流暢さ、数学的な推論に困難さを有し、その困難が持続することで学習に著しい困難が生じる状態を指し

ます。

⑦　運動症群の理解

　運動症群（Moter Disorders）には、運動能力に関わる障害、すなわち、発達性協調運動症（Developmental Coordination Disorder：DCD）、常同運動症、チック症が分類されます。DCD は、協調運動技能の獲得や遂行の困難が特徴であり、不器用や著しい運動困難と状態像が重なります。書字困難の背景にSLD ではなく DCD があることは珍しくありません。

　常同運動症の特徴は、反復して駆り立てるように見えること、かつ、外見上無目的な行動であることです。

　チック症のチックとは、突発的、急速、反復性、非律動性の運動または発声を指します。チック症群には、1 年未満の暫定的チック症、1 年以上続く持続性（慢性）運動または音声チック症、チックが 1 年以上続き、運動チックと音声チックと両方をもつトゥレット症に分類されます。

　チックは、その経過中に症状が悪くなったりよくなったりを繰り返すと言われます。一方、症状が悪化しても数カ月で自然に改善するケースも多いようです。中学生、高校生の頃までは悪化と改善を繰り返し、全体的には悪化することが多いとされます。トゥレット症の予後としては、成人後に 1 ／ 3 が寛解、1 ／ 3 は改善するが寛解には至らず、1 ／ 3 があまり変化しないと言われます。

■参考・引用文献

小林芳文　（2001）　LD 児・ADHD 児が蘇る身体運動　大修館書店.
小林芳文・是枝喜代治　（2005）　楽しい遊びの動的環境による LD・ADHD・高機能自閉症児のコミュニケーションン支援　明治図書.
宮本信　（2000）　注意欠陥・多動障害　小児の精神と神経，40（4），225-264.
文部省　（1999）　学習障害児に対する指導について（報告）　学習障害及びこれに類する学習上の困難を有する児童生徒の指導方法に関する調査研究協力者会議.
斎藤美麿・林隆・野口幸弘他　（2009）　発達障害の理解と支援　ふくろう出版.
高橋三郎・大野裕訳　（2002）　DSM-Ⅳ-TR 精神疾患の分類と診断の手引き　医学書院.

高橋三郎・大野裕監訳，染矢俊幸・神庭重信・尾崎紀夫他訳　（2014）　DSM-5 精神疾患の分類と診断の手引き　医学書院.

高橋三郎・大野裕監訳，染矢俊幸・神庭重信・尾崎紀夫他訳　（2023）　DSM-5-TR 精神疾患の分類と診断・統計マニュアル　医学書院.

融道男・中根允文・小見山実　（1993）　ICD − 10 精神および行動の障害——臨床記述と診断ガイドライン　医学書院.

山崎晃資・宮崎英憲・須田初枝　（2008）　発達障害の基本理解——子どもの将来を見据えた支援のために　金子書房.

高橋有記・大西雄一・松本英夫　（2015）　発達障害について　ストレス科学研究，30，5-9.

松本ちひろ　（2022）　ICD-11 臨床記述と診断要件の概要　臨床精神医学，51（4），317-325.

高岡健　（2022）　神経発達症群および排泄症群　臨床精神医学，51（4），327-331.

大阪大学大学院連合学校教育学研究科監修　（2022）　発達障がい　病態から支援まで　朝倉書店.

Chapter 14
子どものいじめ、不登校、虐待

① いじめ

1 定　義

2013年に施行された「いじめ防止対策推進法」でいじめは次のように定義されています。「いじめ」とは、児童生徒に対して、当該児童生徒が在籍する学校に在籍している等当該児童生徒と一定の人的関係のある他の児童生徒が行う心理的又は物理的な影響を与える行為（インターネットを通じて行われるものも含む）であって、当該行為の対象となった児童生徒が心身の苦痛を感じているもの。つまり、いじめとはお互いが児童生徒であること、両者に一定の人間関係があること、片方が相手に何らかの行為を行っていること、いじめられた側が心身の苦痛を感じているということになります。「いじめられた側が心身の苦痛を感じている」とありますが、これはいじめられた側の気持ちを重視して、いじめの早期発見、早期対応を促すという意味が読み取れます。

森田（2010）は、いじめの基本的性質について、①いじめは不可避な現象ではない、②いじめは関係性の病理である、③いじめる側といじめられる側の関係は固定的ではなく立場が入れ替わることもある、④いじめは相手を弱い立場に置いて被害を与えるの4点を挙げています。さらに、いじめ集団を「被害者」と「加害者」だけでなく、その周りの「観衆」や「傍観者」を含めた4層構造を提起しています（森田, 2010）。「観衆」は直接手を下していないが、時にははやし立てることによっていじめの炎に火を注ぎ込む加害者側の存在にな

ります。「傍観者」は知らぬふりを装い一時的に日頃の人間関係を断っている子どもたちで、いじめを抑止する力とはならず逆にいじめている子どもを支持する存在となります。いじめ対策は、いじめられた子といじめた子に注目していじめられた子のケアやいじめた子の指導を行うだけでなく、「観衆」や「傍観者」など周囲の子どもたちの影響にも注目して、構造的に検討・対応をしていかなければなりません。

2 状 況

　文部科学省（2022）によると、小・中・高等学校および特別支援学校におけるいじめの認知件数は 615,351 件で、そのうち小学校が 500,562 件、中学校が 97,937 件となっています。これは人口当たりの数で言うと、小学校が 100 人に 8 件、中学校が 100 人に 3 件程度となります。つまり、小学校は各クラスに数件、中学校は各クラスに 1 件程度いじめがあるということです。いじめの認知件数の推移を見ると、8 年間の間で特に小学校の件数が大幅に増えていることがわかります（図 14-1）。学年別に比較しても小 1 ～小 3 の間に山があり、その後は学年が上がるにつれて件数が減っています。暴力行為の発生件数も中学校が減少傾向にあるのに対して、小学校は増加傾向にあり、いじめと同様の傾向が見られます。田嶌（2016）は、いじめに当たる「生徒間の暴力」、体罰に当たる「教師から生徒への暴力」、「対教師暴力」の 3 種類の暴力が相互に関連していると述べています。

実際に小学校では、児童の対教師暴力の件数は 8 年間で 3 倍以上増えています（文部科学省，2022）。

（1）発達障害といじめ

いじめの背景として発達障害（発達障害の説明は第 13 章参照）の影響も指摘され

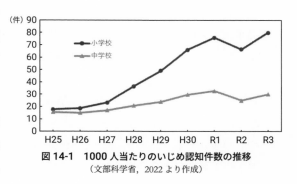

図 14-1　1000 人当たりのいじめ認知件数の推移
（文部科学省，2022 より作成）

ています。発達障害といじめの関連も指摘されています。自閉スペクトラム症（ASD）の場合、その特性である社会的コミュニケーションの苦手さや定型発達との認知の「ずれ」が周囲にイライラ感を生じさせることで、結果的にいじめを生じやすくさせることがあります。また、相手の意図がわかりにくいという特性から、周囲の子どもたちからのかかわりを被害的に捉えて間違っていじめだと感じてしまうこと、逆にいじめる側の理不尽な要求に気づかずにいじめに巻き込まれてしまうことがあります（小倉，2023）。注意欠如多動症（ADHD）の場合は、いじめの被害・加害両方に衝動性による攻撃行動が影響することが挙げられます（小倉，2023）。本当はADHDのある子ども自身も攻撃をされているのに、相手よりも攻撃が派手であったり、過剰であったりするためにADHDのある子の攻撃だけが注目されてしまう可能性もあります。

(2) **ネットいじめ**　ネットいじめに当てはまる「パソコンや携帯電話等で、ひぼう・中傷や嫌なことをされる」は小学校1.9％、中学校10.0％、高校17.3％と学年が上がるにつれて増えていき、件数も近年増加傾向にあります（文部科学省，2022）。加納（2016）はネットいじめの特徴として、①リアルな関係を反映している、②KS（既読スルー・既読無視）が発端となる例がある、③加害者の意図的な匿名性やなりすましがある、④ソーシャルメディア特有の閉鎖性がある、⑤リゾーム的増幅がある（いじめグループの中心が曖昧で、見えない所で広がっていく）、⑥逃げ場がない、を挙げています。ネットいじめはネットの中だけで完結するのではなく、学校の友達グループや部活でのいじめがネットで展開されたり、学校での気遣いのストレスがネットで発散されたりと現実の生活との関連があることがほとんどです。また、岩宮（2021）は思春期のスクールカウンセラーの経験から、学校ではとても優しい子がネットだと攻撃的なことばかりをバンバン畳みかけて追い詰めてくる、ネットゲーム上では相手にされずチャットにも応じないが学校では普通に接してくるというように、リアルとネットで人格が解離しているような例が見られることを報告しています。つまり、ネットいじめはリアルな関係とつながってはいるが、ネットとリアルの人間関係が切り離されていることがあることも特徴と言えます。

3 対 応

いじめ防止対策推進法には、「学校は、いじめの防止等に関する措置を実効的に行うため、複数の教職員、心理、福祉等の専門家その他の関係者により構成される組織を置くこと」とあり、学校の心理職つまりスクールカウンセラーがいじめ対策に参加することを求めています。植山（2023）は、スクールカウンセラーのいじめ問題のアセスメントと対応として、①被害側児童生徒についてはPTSD症状のアセスメントを行い、事態の合理的理解と自己効力感の回復を促す、②加害児童生徒については加害に至る背景とその理解の程度や背景にある要因のアセスメントを行い、自身の課題に取り組む事が可能になるような対応を行う、③観衆（挑発者）や傍観者など関係生徒については集団力動と個々の児童生徒の課題のアセスメントを行い、集団としての育ちを促し必要に応じて個々の課題への支援を行う、④保護者については保護者の事態理解と傷つきや対応姿勢とその背景のアセスメントを行い、学校との対立関係が生じないように発達課題に共に取り組む協働者として協力し合っていくというスタンスで対応する、を挙げています。いじめは前述のように多重構造であるため、多層的な働きかけが求められます。また、いじめ被害児童生徒へのカウンセリングが行われることがありますが、カウンセリングとは本来当事者が自ら望んで主体的に行うものであり、当事者にも相応の努力が求められるアプローチであることも事実です。安易にいじめ被害児童生徒に解決の努力を求めるのではなく、カウンセリング適応の是非も含めて、本人が主体的に支援を受けられるようなかかわりを検討することが望ましいでしょう。

2 不登校

1 定 義

「不登校児童生徒」は、「何らかの心理的、情緒的、身体的あるいは社会的要因・背景により、登校しないあるいはしたくともできない状況にあるために年間30日以上欠席した者のうち、病気や経済的な理由による者を除いたもの」

と定義されて、毎年全国調査が行われています（文部科学省，2022）。

2　状　況

　全国の不登校児童生徒数は 244,940 人で、そのうち小学生が 81,498 人、中学校が 163,442 人となっています。これは人口当たりの数で言うと、小学校が 100 人に 1 人、中学校が 100 人に 5 人程度です。つまり、小学校は 3 学級程度であれば学年に 1 人、中学校は各学級に数人いるということになります。不登校児童生徒数は学年が上がるにつれて増えていきますが、小 6 から中 1 の間で倍増して、中学校全体でも小学校の 2 倍程度の数となっており、特に中学校の不登校数が多いことがわかります。さらに、不登校児童生徒数の推移（1,000 人当たりの不登校児童数）を見ると、ここ 10 年間の間に小学校では約 4 倍、中学校では約 2 倍増加しています（図 14-2）。特に小学校の不登校数が増加していることがわかります。

　不登校の要因として、小学校では「無気力、不安」（49.7％）、「生活リズムの乱れ、あそび、非行」（13.1％）、「親子の関わり」（13.2％）、中学校では「無気力、不安」（49.7％）、「生活リズムの乱れ、あそび、非行」（11.0％）、「いじめを除く友人関係をめぐる問題」（11.5％）の順番となっています。小中学生共に「無気力、不安」が半数程度となっていますが、これは具体的な要因が特定できない状況が多いと見ることもできます。この結果は学校を対象とした調査のため、学校の教職員から見た不登校の要因が示されていると言えます。一方で、不登校児童生徒本人を対象とした調査（不登校児童生徒の実態把握に関する調査企画分析会議，2021）では、「最初に学校に行きづらいと感

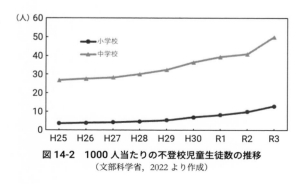

図14-2　1000 人当たりの不登校児童生徒数の推移
（文部科学省，2022 より作成）

じ始めたきっかけ」として、「先生のこと（先生と合わなかった、先生が怖かった、体罰があったなど）」（小学生30％、中学生28％）、「身体の不調（学校に行こうとするとおなかが痛くなったなど）」（小学生27％、中学生33％）、「友達のこと（いやがらせやいじめがあった）」（小学生25％、中学生26％）、「勉強がわからない（授業がおもしろくなかった、成績がよくなかった、テストの点がよくなかったなど）」（小学生22％、中学生28％）の割合が高くなっており、学校の調査とは異なった結果となっています。質問内容や回答項目が異なるため単純に比較はできませんが、学校の調査では本人や家庭の要因が目立っているのに対して、本人調査では多様な要因、特に先生や勉強など学校の要因が多く挙げられているという違いがあります。学校の教師にとっては学校に来ないのは学校外、つまり本人や家庭の要因が大きいと考えやすい一方で、不登校児童生徒本人にとっては先生や友達、勉強など学校生活の影響を強く感じていると読み取れます。また、本人調査で「きっかけが何か自分でもよくわからない」という回答が小学生25.5％、中学生22.9％となっているように、不登校の要因は本人でもよくわからないことが多いものです（不登校児童生徒の実態把握に関する調査企画分析会議，2021）。実際に特定の要因で不登校を説明できることは少なく、様々な要因が重なって生じていると考えることが妥当です。そのため、不登校の心理アセスメントでは、特定の原因を見つけることに力を入れるのではなく、様々な背景を想定した上で、子どもが元気になれるように未来志向で考えていくことが大事です。

　発達障害と不登校　不登校の背景にASDやADHD、限局性学習症（SLD）のような発達障害が見られることもあります。例えば、対人関係のコミュニケーションのズレ、興味・関心や集中のムラ、特定の授業科目や指示方法などの理解の難しさ等によって、学校生活が本人の負担になり、結果的に学校に行きづらくなることがあります。特にASDのある子どもは、言語発達年齢が9歳頃になると心の理論（他者の気持ちが理解できるようになる）が獲得されるため、言語発達に遅れがない場合小学校の中学年から高学年頃に大きな質的な変化が生じます（別所，2015）。その過程で、周囲と自分の心の世界の違いに気づくこ

とにより、他の人たちが何を考えているのかわからないとか自分が他の人たちと違うということに直面して不安感が高まって、学校に行きづらくなることがあります。

3　対　応

　不登校児童生徒への心理職の支援は、以前より学校内ではスクールカウンセラーをはじめとした教育相談体制、学校外では教育委員会の相談機関である教育相談室を中心に行われてきました。一方で、2017 年に完全施行された「義務教育の段階における普通教育に相当する教育の機会の確保等に関する法律」（教育機会均等法）、2019 年の文部科学省の通知「不登校児童生徒への支援の在り方について」によって、学校や教育委員会の取り組みだけでなく、不登校児童生徒の一人ひとりの状況に応じて、教育支援センター、不登校特例校、フリースクールなどの民間施設、ＩＣＴを活用した学習支援などによる多様な教育機会が求められるようになっています。これらの学外の施設でも心理職が活用されていることは言うまでもありません。また、「不登校児童生徒への支援の在り方について」に「不登校児童生徒への支援は、『学校に登校する』という結果のみを目標にするのではなく、児童生徒が自らの進路を主体的に捉えて、社会的に自立することを目指す必要がある」と述べられているように、支援は必ずしも学校復帰が目標ではなく、社会的自立を目標としている点が重要です。

　⑴　**スクールカウンセラー**　　不登校はスクールカウンセラーがかかわる相談の代表と言えます。その役割は、不登校の未然防止、登校渋り児童生徒への対応、不登校児童生徒への対応、相談室登校の対応など多岐にわたります。方法は本人の面接（登校していれば行動観察も含む）、保護者の面接、教職員のコンサルテーション、関係機関（教育支援センター（詳細は後述）や教育相談室、医療機関、子ども家庭支援センターなど）との連携を行います。スクールカウンセラーは児童生徒の面接を通して信頼関係を形成するだけでなく、チーム学校の一員として児童生徒を支えることが求められます。そのため、本人へのアセス

メントを保護者や教職員に伝える、保護者の考えや努力を教職員に伝える、教職員の考えや提案を本人や保護者に伝えるなど、それぞれの間をつなぐ役割が重要です。宮田・杉原・柴田（2023）は、不登校という行動の意味として、①何かに対するSOS、②いわゆる"怠け"の背後に「未学習」「誤学習」などが潜んでいる、③勉強がわからないために学校に行くのが嫌になっている、④思春期特有の自己に関する問題を乗り越えられず不登校の形をとっている、⑤不登校の背景にいじめ、⑥精神疾患（もしくは身体疾患）が背後にある、または発達の偏りから対人関係がうまくいかない、という6つを挙げています。不登校には様々な背景が考えられるため、スクールカウンセラーは周囲を含めた本人のアセスメントを行い、保護者や教職員のコンサルテーションを進めていく必要があります。

(2) **教育支援センター**　文部科学省（2019b）は、「教育支援センター（適応指導教室）（以下、教育支援センターとする。）とは、不登校児童生徒等に対する指導を行うために教育委員会及び首長部局が、教育センター等学校以外の場所や学校の余裕教室等において、学校生活への復帰を支援するため、児童生徒の在籍校と連携をとりつつ、個別カウンセリング、集団での指導、教科指導等を組織的、計画的に行う組織として設置したものをいう。なお、教育相談室のように単に相談を行うだけの施設は含まない。」としています。また、「不登校児童生徒への支援の在り方について」に添付された教育センターガイドラインには、社会的自立を目標とすることが明記されています。さらに、不登校支援の中心として、在籍校との連携、家庭訪問、保護者の相談の機能が求められており、カウンセラーの配置も望ましいとされています。不登校児童生徒は、各自の状態に合わせて通室して、個別相談や集団もしくは個別で学習やスポーツ活動を含む体験活動を行います。不登校児童生徒のうち10.3％が教育支援センターを利用しており、特に中学生の利用が多くなっています（文部科学省，2022）。不登校児童生徒全体の中では、教育支援センターに通える子どもは比較的元気のよい子どもたちと言えます。学校内外で相談・指導等を受けていない児童生徒が30％以上いるため、家庭訪問などアウトリーチ活動の充実も含

めて、通室していない子どもへのアプローチが課題となっています。

(3) **不登校特例校（学びの多様化学校）**　不登校特例校（学びの多様化学校）は、「不登校児童生徒の実態に配慮した特別の教育課程を編成して教育を実施する必要があると認められる場合、特定の学校において教育課程の基準によらずに特別の教育課程を編成することができるとする特例措置によって文部科学大臣から指定された学校をいう。」と定義されています（文部科学省，2020）。教育支援センターは学校ではなく教育委員会が設置する公的機関であるため、元の学校に在籍しながら教育支援センターに通います。一方で、不登校特例校は正規の学校であるため、特例校に在籍し、不登校児童生徒向けの学校教育を受けるという形になります。2023 年現在特例校は全国に、公立学校 14 校、私立学校 10 校、計 24 校が設置されています。内訳は東京都に 8 校など複数の特例校が設置された都道府県がある一方で、1 校もない都道府県が多いのが現状です。教育機会均等法の趣旨に則り、全国的な設置が望まれます。

③ 虐 待

1 定 義

　児童虐待は「児童虐待の防止等に関する法律（児童虐待防止法）」において、「保護者（親権を行う者、未成年後見人その他の者で、児童を現に監護するもの）がその監護する児童（十八歳に満たない者）について行う行為」と定義されています。そのため、実父母以外でも子どもの養育を担っている者であれば保護者に当てはまります。保護者から行われる行為は、身体的虐待、性的虐待、ネグレクト、心理的虐待の 4 つに分類されます。身体的虐待は「児童の身体に外傷が生じ、又は生じるおそれのある暴行を加えること」です。性的虐待は「児童にわいせつな行為をすること又は児童をしてわいせつな行為をさせること」です。ネグレクトは「児童の心身の正常な発達を妨げるような著しい減食又は長時間の放置、保護者以外の同居人による性的虐待や心理的虐待と同様の行為の放置その他の保護者としての監護を著しく怠ること」です。心理的虐待は「児

童に対する著しい暴言又は著しく拒絶的な対応、児童が同居する家庭における配偶者に対する暴力（配偶者（婚姻の届出をしていないが、事実上婚姻関係と同様の事情にある者を含む。）の身体に対する不法な攻撃であって生命又は身体に危害を及ぼすもの及びこれに準ずる心身に有害な影響を及ぼす言動をいう。）その他の児童に著しい心理的外傷を与える言動を行うこと」です。

(1) **子どもへの影響**　虐待は子どもの心身に深刻な影響をもたらします。虐待の影響は虐待を受けていた期間、虐待の態様、子どもの年齢や性格等により様々ですが、以下のような共通した特徴が見られます（厚生労働省，2014）。①身体的影響（打撲、切創、熱傷など外から見てわかる傷、骨折、鼓膜穿孔（こまくせんこう）、頭蓋内出血などの外から見えない傷、栄養障害や体重増加不良、低身長など）、②知的発達面への影響（不適切な環境による学業不振、不登校、知的発達の遅れ）、③心理的影響（対人関係の障害、低い自己評価、行動コントロールの問題、多動、心的外傷後ストレス障害、偽成熟性、精神症状）。さらに、脳科学研究によって、暴言虐待では聴覚野の容積の増加（人の話を聞く時に余計な負荷がかるようになる）、厳格な体罰では前頭前野の容積の減少（感情・思考のコントロール、集中力・意思決定・共感への影響）、両親の DV 目撃では視覚野の容積の減少（知能や語彙能力への影響）のように、脳の発達に影響を与えることが明らかになっています（友田，2018）。

(2) **発達障害との関連**　虐待は発達障害と関連している場合があります。子ども虐待の後遺症である反応性愛着障害が発達障害によく似た臨床像を呈する、被虐待児には自閉スペクトラム症の高機能群（知的発達の遅れがない）が多い、子ども虐待により落ち着きのなさや集中困難のように ADHD とよく似た症状を呈するなど、子ども虐待の後遺症としてトラウマ（心的外傷）、発達障害との関連が指摘されています（杉山，2017）。

2　状　況

　2021 年度の児童相談所での児童虐待相談対応件数は、207,660 件となっています（こども家庭庁，2023）。児童虐待相談対応件数の推移を見ると、一貫して

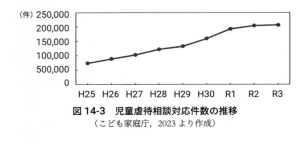

図 14-3 児童虐待相談対応件数の推移
（こども家庭庁，2023 より作成）

増加傾向にあります（図14-3）。内容別件数は、心理的虐待（60.1%）、身体的虐待（23.7%）、ネグレクト（15.1%）、性的虐待（1.1%）の順番となっています。以前は身体的虐待の割合が多かったのが、2013年に心理的虐待が身体的虐待を上回って以降この順番は変わっておらず、心理的虐待の割合は増え続けています。経路件数は警察等（49.7%）、近隣知人（13.5%）、家族親戚（8.4%）、学校（6.7%）の順番になっています。心理的虐待の増加は、子どもの見ている前で夫婦間で暴力を振るうこと（面前ドメスティック・バイオレンス）について、警察からの通告が増加しているためと捉えられます。

3 対 応

児童虐待防止法には、学校、児童福祉施設、病院等の関係者による早期発見が求められています。さらに、「児童虐待を受けたと思われる児童を発見した者は、速やかに、これを市町村、都道府県の設置する福祉事務所若しくは児童相談所又は児童委員を介して市町村、都道府県の設置する福祉事務所若しくは児童相談所に通告しなければならない」と関係者にかかわらず、児童虐待の発見には通告の義務が規定されています。虐待の通告は、「本当に虐待なのか確信が持てない」とか「通告すると保護者との関係が悪くなってしまうのでは」などの理由によりためらわれる場合もあります。しかし、通告は義務であり、虐待に苦しんでいる子どもや支援を必要としている家族を支援するための第一歩となります。

（1）**児童相談所** 児童相談所は原則18歳未満の子どもに関するあらゆる相談を受け付ける機関ですが、一時保護機能や措置機能をもつため、子ども虐待対応の中心的な役割をもっています。虐待対応では、地域や学校などから虐

待通告を受けて調査・対応を行い、家庭で生活することに危険がある場合に一時保護をして、必要に応じて施設入所をさせる対応を行います。児童相談所には児童福祉司や児童心理司などの専門職がいます。児童福祉司は社会福祉の専門家として虐待通告の調査、家庭訪問や面接による支援、関係機関との調整などを行います。児童心理司は心理検査や行動観察によるアセスメント、プレイセラピーによる心理支援などを行います。児童相談所の対応には、①発生予防から虐待を受けた子どもの自立に至るまでの切れ目のない支援、②親子再統合に向けた支援など子どものみならず保護者を含めた家庭への支援が挙げられています（厚生労働省，2014）。児童相談所は被虐待児を保護するだけでなく、子どもへの長期的な支援や家庭への支援を担っているのです。

(2) **社会的養護**　厚生労働省（2023）によると、2021年度の児童虐待相談対応件数207,660件のうち、一時保護が27,310件、そのうち施設入所等が4,421件となっています。児童虐待と言うと児童相談所が一時保護して、施設に入所するというイメージがあるかもしれませんが、実際に一時保護される子どもは13％程度、施設に入所する子どもは全体の2％程度となっています。さらに、施設入所の内訳は児童養護施設が2360件、乳児院が685件、里親委託等が617件、その他の施設が759件となっています。厚生労働省から示された「家庭と同様の環境における養育の推進」（平成28年6月3日公布）において、児童が心身ともに健やかに養育されるよう、より家庭に近い環境での養育の推進を図ることが必要とされ、大規模な児童養護施設から、里親委託や小規模住宅型児童養育事業（ファミリーホーム）への移行が推進されています。それに伴い里親・ファミリーホームへの委託児童数が増え、児童養護施設の入所児童数は減少しています。被虐待児は安心・安全な環境を提供されたとしても、虐待体験のトラウマにより、施設職員や里親などに不信感を向けたり、攻撃的な行動を示したりすることがよく起こります。田嶌（2016）は、その場その場を必死に生き抜いてきた子どもたちは相手や状況次第で見せる姿が極端に違ったり、自分とかかわる大人を「all good」と「all bad」に分けてしまったりすることで、大人を分断化・対立化に陥らせることを指摘しています。被虐待児の

支援には、専門的知識やチームでの連携が特に求められると言えます。

■参考・引用文献

別所哲 （2015） 子どもの自閉スペクトラム症／自閉スペクトラム障害 滝口俊子編 子育て支援のための保育カウンセリング ミネルヴァ書房 pp.117-138.

不登校児童生徒の実態把握に関する調査企画分析会議 （2021） 不登校児童生徒の実態把握に関する調査報告書 https://www.mext.go.jp/content/20211006-mxt_jidou02-000018318_03.pdf （2023 年 8 月閲覧）

岩宮恵子 （2021） ネット「いじめ」がもたらす傷：現代の思春期の問題から考える 精神療法，47（4），444-449.

加納寛子編 （2016） ネットいじめの構造と対処・予防 金子書房.

こども家庭庁 （2023） 令和 3 年度 児童相談所での児童虐待相談対応件数 https://www.cfa.go.jp/assets/contents/node/basic_page/field_ref_resources/a176de99-390e-4065-a7fb-fe569ab2450c/1cdcbd45/20230401_policies_jidougyakutai_07.pdf （2023 年 8 月閲覧）

厚生労働省 （2014） 子ども虐待対応の手引き https://www.mhlw.go.jp/seisakunitsuite/bunya/kodomo/kodomo_kosodate/dv/dl/120502_11.pdf （2023 年 8 月閲覧）

厚生労働省 （2023） 社会的養育の推進に向けて https://www.mhlw.go.jp/content/000833294.pdf （2023 年 8 月閲覧）

宮田葉子・杉原紗千子・柴田恵津子 （2023） ①不登校問題 村瀬嘉代子監 学校が求めるスクールカウンセラー：アセスメントとコンサルテーションを中心に 改訂版 遠見書房 pp.74-91.

文部科学省 （2019a） 「不登校児童生徒への支援の在り方について（通知）」 令和元年 10 月 25 日 https://www.mext.go.jp/a_menu/shotou/seitoshidou/1422155.htm （2023 年 8 月閲覧）

文部科学省 （2019b）「教育支援センター（適応指導教室）に関する実態調査」結果 https://www.mext.go.jp/component/a_menu/education/detail/__icsFiles/afieldfile/2019/05/20/1416689_002.pdf （2023 年 8 月閲覧）

文部科学省 （2020） 不登校特例校の設置に向けて【手引き】 https://www.mext.go.jp/a_menu/shotou/seitoshidou/1387008_00001.htm （2023 年 8 月閲覧）

文部科学省 （2022） 令和 3 年度 児童生徒の問題行動・不登校等生徒指導上の諸課題に関する調査結果 https://www.mext.go.jp/content/20221021-mxt_jidou02-100002753_1.pdf （2023 年 8 月閲覧）

森田洋司 （2010） いじめとは何か：教室の問題、社会の問題 中公新書.

小倉正義編 （2023） 発達障がいといじめ：発達の多様性に応える予防と介入 学苑社.

杉山登志郎 （2017） 発達障害とトラウマ 児童青年精神医学とその近接領域，58（4），

544-549.

田嶌誠一 （2016）　その場で関わる心理臨床：多面的体験支援アプローチ　遠見書房.

友田明美 （2018）　体罰や言葉での虐待が脳の発達に与える影響　心理学ワールド，80，
13-16.

植山起佐子 （2023）　②いじめ問題　村瀬嘉代子監　学校が求めるスクールカウンセ
ラー：アセスメントとコンサルテーションを中心に　改訂版　遠見書房　pp.92-113.

Chapter 15

子どもに対する発達支援
構成

① 教育・保育現場における発達に課題のある子ども

　これまで本書を通して学んできた様々なニーズを有する子どもたちの中には、障害等があり、発達に課題のある子どもが少なくありません。文部科学省が2022年12月に発表した調査結果によると、通常学級に在籍する小中学生の8.8％に、学習面や行動面で著しい困難を示す発達障害の可能性があることが報告されています（文部科学省,2022）。また、近年では、特別支援教育を受ける義務教育段階の児童生徒数も顕著な増加傾向にあります。直近10年間では、令和4年度現在、義務教育段階の児童生徒数は1割の減少となっている一方で、特別支援学校の在籍者数は1.2倍、特別支援学級の在籍者数は2.1倍、通教による指導の利用者数は2.3倍（令和3年度）と、とりわけ小・中学校で特別支援教育を受ける児童生徒に著しい増加傾向が見られます。

　同様に、就学前の保育の場においても障害のある子どもや保育者が保育を行う上で行動や反応が気になる、いわゆる「気になる子」への対応が求められています。全国保育協議会の調査によると障害児保育を行っている施設は全体の76.7％、障害児保育の対象外で特別な支援が必要な子どもが「いる」と回答した施設は64.2％であり、いずれも5年前の調査から増加していることが報告されています（全国保育協議会,2021）。

　上記のような教育や保育現場の状況を踏まえると、今後も特別支援教育等、特別な配慮や支援を要する子どもへの対応は、より一層求められることが想定

されます。とりわけ、診断の有無にかかわらず、より早い段階から子どもの実態を的確に把握し、一人ひとりのニーズに応じた発達を促していくことが重要となります。そのためには、医療、福祉、教育等、関連機関の連携のもと、切れ目のない一貫した支援を行っていくことが求められます。今、保育、療育、ならびに教育現場では、それらを担える教育力や保育力が必要とされています。

２ 特別支援教育における支援

1 特別支援教育とは

　特別支援教育とは、2005 年の中央教育審議会答申において「障害のある幼児児童生徒の自立や社会参加に向けた主体的な取組を支援するという視点に立ち、幼児児童生徒一人一人の教育的ニーズを把握し、その持てる力を高め、生活や学習上の困難を改善または克服するため、適切な指導及び必要な支援を行うものである」と説明されています（中央教育審議会, 2005）。簡潔には、障害のある子ども一人ひとりの教育的ニーズを的確に把握し、自立や社会参加に向け、適切な指導と必要な支援を行うことと言えます。

　この「特別支援教育」は、2007 年 4 月に様々な制度の見直しや法改正を経て、かつての「特殊教育」から転換が図られました。特別支援教育への変更における重要な点のひとつ目は、障害種や障害の程度に応じた従来の教育から児童生徒個々の教育的ニーズに応じた教育へと見直されたことです。教育の実践においては、関連機関との連携による「個別の教育支援計画」の作成に基づく支援の概念が導入されました。当初は、特別支援学校の児童生徒のみが対象でしたが、特別支援学級も対象となり、2017 年 3 月告示の小学校学習指導要領および中学校学習指導要領、2018 年 3 月告示の高等学校学習指導要領において通級による指導を受けている児童生徒にも作成することが示されました。

　重要な点の 2 つ目は、対象である障害に加え、新たに小学校・中学校・高等学校の通常学級に在籍する発達障害のある児童生徒が特別支援教育の対象に加えられ、幼稚園、高等学校等を含む、すべての学校において特別支援教育を実

施することになったことです。これに先立ち、平成16年に制定された「発達障害者支援法」において、わが国で初めて発達障害が定義づけされ、この法律に則り、発達障害のある幼児児童生徒が特別支援教育の対象として個々の特性やニーズに応じた指導・支援が受けられるようになりました。

2　特別支援教育とインクルーシブ教育

　昨今、「インクルーシブ教育」という言葉を耳にすることが増えてきました。インクルーシブとは「包括的な」という意味があり、「インクルーシブ教育」とは、障害のある者とない者を包括して共に学ぶことを表しています。この考え方は、1994年にスペインのサラマンカで開催されたユネスコ世界会議において提起され、それ以降、世界レベルで広がりを見せました。その後、2006年に国連総会において採択された「障害者の権利に関する条約」の第24条の1においてインクルーシブ教育システムに関する条文が明記され、インクルーシブ教育は国際的な教育制度となりました。

　わが国では、2012年7月に「共生社会の形成に向けたインクルーシブ教育システム構築のための特別支援教育の推進（報告）」が公示され、特別支援教育が共生社会の形成に向けて、インクルーシブ教育システム構築のために必要不可欠なものであるとし、可能な限り障害のある児童生徒が障害のない児童生徒と同じ場で共に学ぶことを目指すインクルーシブ教育システム構築の方向性が示されました。一般的に知られているようにわが国の義務教育段階には、諸先進国における通常学校を教育の場の基本とするスペシャルエデュケーションとは異なり、障害がある幼児児童生徒のみを対象とする特別支援学校をはじめ、特別支援教育が受けられる場や形態が複数あります。そのような特別支援教育の枠組みにおいて、インクルーシブ教育システムでは、「同じ場で共に学ぶことを追求するとともに、個別の教育的ニーズのある児童生徒に対して、自立と社会参加を見据えて、その時点で教育的ニーズに最も的確に応える指導を提供できる、多様で柔軟な仕組みを整備することが重要である。小・中学校における通常の学級、通級による指導、特別支援学級、特別支援学校といった、

連続性のある『多様な学びの場』を用意しておくことが必要」と示されました（文部科学省, 2012）。図 15-1 は、多様な学びの場の連続性を体系的に表したものです。ここにわが国独自のインクルーシブ教育システム構築に向けた特別支援教育の在り方と方向性を確認することができます。

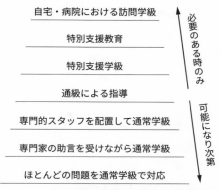

自宅・病院における訪問学級

特別支援教育

特別支援学級

通級による指導

専門的スタッフを配置して通常学級

専門家の助言を受けながら通常学級

ほとんどの問題を通常学級で対応

必要のある時のみ

可能になり次第

図 15-1　日本の義務教育段階の多様な学びの連続性
（文部科学省, 2012 より一部改変）

3　特別支援教育の対象と教育の場

　特別支援教育の対象は、視覚障害、聴覚障害、知的障害、肢体不自由、病弱・身体虚弱、言語障害、自閉症、情緒障害に加え、学習障害、注意欠陥多動性障害、高機能自閉症などの発達障害のある幼児児童生徒です。主な特別支援教育の場や形態としては、特別支援学校、特別支援学級、通級による指導、通常学級における指導があります。

　(1)　**特別支援学校**　　特別支援学校では、視覚障害児に対する教育、聴覚障害児に対する教育、知的障害児に対する教育、肢体不自由児に対する教育、病弱児（含む身体虚弱児）に対する教育が行われています。近年は、知的障害と肢体不自由など、複数の障害種に対応した特別支援学校が増加しています。特別支援学校の就学の対象となる基準は、学校教育法施行令第 22 条の 3 で明記されています。近年、児童生徒の障害は重度・重複化傾向にあり、障害が重いために通学できない子どもに対しては、教師が家庭、あるいは入所施設、病院などに出向いて指導する「訪問教育」を実施している特別支援学校もあります。

　(2)　**特別支援学級**　　小学校・中学校における障害のある児童生徒の学びの場として、特別支援学級があります。学校教育法第 81 条第 2 項において「小学校、中学校、高等学校及び中等教育学校には、次の各号のいずれかに該当す

る児童及び生徒のために、特別支援学級を置くことができる。一　知的障害者、二　肢体不自由者、三　身体虚弱者、四　弱視者、五　難聴者、六　その他障害のある者で、特別支援学級において教育を行うことが適当なもの」と規定されています。学級は、障害の種別ごとに置かれ、1学級の標準人数を8人とする少人数体制になっています。近年では、通常学級との交流・共同学習を通して子ども同士が共に活動し、学び合う機会を積極的にもつことが推奨されています。

(3)　**通級による指導**　通級による指導とは、小学校・中学校の通常の学級に在籍している軽度の障害のある児童生徒に対して、主として各教科等の指導を通常の学級で行いながら、障害に応じた特別の指導を特別の指導の場（通級指導教室）で行う指導形態のことを言います。通級による指導の対象は、言語障害者、自閉症者、情緒障害者、弱視者、難聴者、学習障害者、注意欠陥多動性障害者、肢体不自由者、病弱・身体虚弱者です（学校教育法施行規則第140条および第141条）。対象の児童生徒は、ほとんどの授業を通常学級で受けながら、週に1〜8時限、通級指導学級などで障害に基づく種々の困難の改善・克服に必要な特別の指導を受けます。在籍校に該当する通級指導学級がない場合、他校の学級で学ぶケースもあります。通級による指導は、1993年度に開始された制度で、2018年度より、高等学校においても通級による指導を行うことが可能になりました。

(4)　**通常学級における指導**　本章の冒頭で述べたように、通常学級に在籍している児童生徒の中には、障害がある子どもや発達障害の可能性のある子どもが少なからず在籍しています。前述の通級による指導を受けている子どももいれば、いわゆる支援員や介助員等の人的支援を受けて学んだり、個々の特性に応じた教材や教具等、物的環境の工夫や情報提示の仕方などについて専門家からの助言を受けて学んだりしている子どももいます。

　通常学級での学びを保障するためには、個々の児童生徒の障害の状態や特性、教育ニーズを踏まえ、どのような指導や支援環境があれば最も適切な教育がインクルーシブな環境の中で提供できるかを見極めることが重要となりま

す。その上で、小・中学校の通常の学級の教員は、これまで以上に特別支援教育に関する知識と実践力と学級運営する力が必要とされます。しかし、担任や教科担当のみでできることではありません。校長のリーダーシップのもとで校内に支援体制を整備し、地域の特別支援教育のセンター的機能を有する特別支援学校他、関係機関との連携を図り、学校全体で個別のケースに対応していくことが求められます。

3 ムーブメント教育・療法による支援

1 ムーブメント教育・療法とは

　ムーブメント教育・療法は、子どもの自主性、自発性を尊重し、子ども自身が動くことを学び、動きを通して「からだ（動くこと）」と「あたま（考えること）」と「こころ（感じること）」の調和のとれた発達を支援するものです。一般的な運動遊びや幼児体育、体育指導、また治療や訓練とも異なり、対象の子どもたちだけでなく、支援者や保護者も含めて誰もが喜びと充実感を実感できる「人間尊重の教育・療法」と言うことができます。

　ムーブメント教育・療法は、米国の著名な知覚・運動学習理論家であるマリアンヌ・フロスティッグ（Frostig, M., 1906-1985）が、「身体は、どんな人にとっても重要な所有物であり、しかも感情や動きを最も直接的に表現できるものである」という考えのもとに、研究と実践を重ねて体系化を図り、1970年にムーブメント教育・療法に関する理論と実践の書を公にしました。わが国では、1978年にこのフロスティッグの著書が紹介された後、ムーブメント教育・療法の第一人者となった小林芳文の翻訳により2007年に新たに「フロスティッグのムーブメント教育・療法——理論と実際」として発刊されました。その後もムーブメント教育・療法は、わが国独自の発展を遂げ、多数の書籍が発刊されています。現在、保育所や幼稚園、認定こども園・小学校・中学校・特別支援学校等の教育機関においては「ムーブメント教育」として、児童発達支援センター、放課後等デイサービス事業所、重症心身障害児（者）施設、高

齢者施設などの福祉や医療関連施設等では「ムーブメント療法」として広く活用されています。

2 子どもの発達における身体運動の重要性

　子どもの発達において、なぜ動くことが大切なのでしょうか。それは、人間の運動発達が認知機能や情緒機能など他の諸機能と強く結びついており、独立した機能ではないと言われているからです。これは、ゲゼル（Gesell, A., 1880-1961）による「発達における運動の主導性の原則」、すなわち子どもの初期の発達は身体運動面の機能が軸となり、それを土台に知的側面、心理的側面の機能も引き出されていくという理論からも明らかです。子どもの運動に制限があれば、様々な感覚器を働かせることや、移動したり手を使ったりして環境を探索する豊かな遊びの経験が乏しくなります。また、他者とのかかわりやコミュニケーションを通しての満足感を得ることも少なくなります。

　さて、人間の身体には、様々な感覚器が備わっています。その感覚器は、外界からの情報の受け皿であると同時に、脳に伝令を送る発信器でもあります。感覚器から得られた情報は、すべて脳に送られますが、脳はその限りない情報を適切に処理し、必要な情報を有効に活用しながら、活動を調整しています。特に、発達初期にある乳幼児は、受け皿としての様々な感覚器の発達が未熟であり、脳での処理能力や統合能力も未熟です。そこで、この受け皿の機能、つまり、感覚器の機能をより促進させ、脳に十分な情報を送るような適切な運動経験が必要となるのです。

3 ムーブメント教育・療法の柱

　ムーブメント教育・療法は、「動くことを学ぶ」「動くことを通して学ぶ」という2つの柱に支えられた教育・療法です。「動くことを学ぶ（learn to move）」とは、運動能力（姿勢を安定させる能力、移動する能力、物を操作する能力）や身体能力（健康な身体、調整力などの運動適性）を高めることです。一方、「動くことを通して学ぶ（learn through move）」とは、認知、情緒、社会

性など心理的諸能力を高めることです。

　つまり、子どもはムーブメント教育・療法を通して、動く力を高め、身体を知り、身体を巧みに使えるように学習します。また、意思伝達機能や認知機能を発達させ、究極的には自己を表現し、情緒の成熟と社会性の発達を促すように学習するのです。

4　ムーブメント教育・療法の達成課題

　ムーブメント教育・療法の基本的な達成課題は、「感覚運動機能の向上」「身体意識の向上」「時間・空間、その因果関係意識の向上」「心理的諸機能の向上」の4点です。

　(1)　**感覚運動機能の向上**　　感覚運動機能の向上とは、動くことそのものを学び、様々な動きを身につけることを言います。つまり、全身の運動（粗大運動）、手指の運動（微細運動）、揺れや加速度のかかわる運動、安定姿勢運動、移動運動、操作性の運動、さらには、身体協応性とリズム、敏捷性、柔軟性、筋力、速さ、バランス、持久力という運動属性から見た動きのバリエーションを育てることです。

　(2)　**身体意識の向上**　　身体意識（body awareness）は、心身の発達の基礎となる基本的な能力です。子どもは、身体意識が育たなければ自分が周囲の世界から分離した独立の存在であることに気づくことができません。身体意識は、環境と相互にかかわり合い、環境を支配し、行動する人としての自分自身を子どもが知るようになるための必須条件です。この身体意識を基盤として、自己意識や他者意識、さらには空間意識も成立するのです。ムーブメント教育・療法では、身体像（body image）、身体図式（body schema）、身体概念（body concept）を総称して身体意識としています。

　身体意識は、生後まもない時期より空腹・満腹の感覚や触感覚などの身体像をもつことから始まります。この身体像とは、感じられるままの身体、認知する自分の身体のイメージであり、自己存在の基礎をなす重要な要素です。身体図式は、動きが活発化するに伴い経験する抗重力姿勢や加速度感覚などにより

育まれていきます。身体図式は、自己意識や他者意識、ラテラリティ（身体優位性）や方向性の概念の形成に重要な役割を果たします。これにより、地図を頼りに目的地に出向いたり、人や物とぶつからないように身体を上手く操作して移動したりできるようになります。そして身体概念とは、手や足の数やどこにあるのかなど、身体の部位や位置関係を含めた身体の構造の認識のことを言います。身体概念は、子どもに自分の身体に関する情報を与えてあげることによって発達します。「目はいくつあるのか、指は何本あるか」などに始まり「目、口、耳などはどんな働きをするのか」など、様々な問いかけをすることが必要です。また、幼児期後半から学童期に、子どもが人間の生理学的な知識にかかわる基本的事実を学ぶことで身体概念を形成することができます。

(3) **時間・空間、その因果関係意識の向上**　　人間を取り巻く環境についての意識は、すべての事象が時間と空間の中で生じ、因果関係をもちながら知覚されます。時間・空間の意識は、前述した身体意識とのかかわりが強く、その延長線上にあるものです。これらの意識を形成する能力は、自分自身の動きや経験を通して、周囲の事象を認識していくことで形成されます。この意識は、人とぶつからないように歩く、できるだけ速く走る、相手が取りやすいボールを投げるなど、生活にかかわる力と深く結びついています。

(4) **心理的諸機能の向上**　　心理的諸機能とは、情緒・社会性機能、言語機能、視覚化の機能（ものを見て、それを保存・記憶する機能）、問題解決能力、連合の諸過程の機能（見たり、聞いたりして動作すること）を言います。言語機能については、子どもは指示を聞き、動作に置き換えることで受容言語能力を育てることができ、動きを言語化することにより表出言語能力も助長されます。また、視覚化と心像の機能は、視覚経験に依存し、記憶に必須であるばかりでなく、考える力、つまり思考過程に必要なものです。そして、問題解決能力は、子どもに運動課題の独自の解き方を発見させたり、他者とは異なる方法を考えさせたり、自ら考え選択する活動の中で高められます。連合の諸過程の機能は、様々な能力を同時に行使すること、つまり「見て、聞いて、判断して動く、記憶して動く」などの活動により発達します。

5 ムーブメント教育・療法のアセスメント

　近年、発達に特別なニーズのある子どもへの支援は、個々の発達状況と発達課題に応じた支援が基本となっており、個別の支援計画を作成し、PDCA サイクルで行われています（図 15-2）。ムーブメント教育・療法が発達支援方法として類を見ない点に、アセスメントとそれに対応した支援プログラムが提供されていることが挙げられます。ムーブメント教育・療法には、子どもの発達の実態を把握するために役立つ 2 つのアセスメントがあります。それは、ムーブメント教育・療法プログラムアセスメント：MEPA-R（Movement Education and Therapy Program Assessment-Revised）とムーブメント教育・療法プログラムアセスメント：MEPA-ⅡR（Movement Education and Therapy Program Assessment-Ⅱ Revised）です。これらは、小林らが独自に開発したアセスメントで、子どもの「からだ、あたま、こころ」の発達を把握するとともに支援の指針を得ることができます。

　MEPA-R（小林, 2005）は、0 カ月から 72 カ月の発達年齢（段階）にある子どもの運動・感覚分野（姿勢・移動・技巧領域）、言語分野（受容言語・表出言語領域）、社会性分野（対人関係領域）の発達をチェックする 180 項目で構成されています。さらに、アセスメントの結果を支援に結びつけるための発達支援ステップガイド（小林, 2006）と連携しており、教育や保育現場での実践に役立つ MEPA-R 活用事例集（小林, 2017）や運動・遊び・学びを育てるムーブメント教育プログラム 100（小林ら, 2021）などがあります。

　MEPA-ⅡR（小林, 2005）は、発達年齢（段階）が 0 カ月から 18 カ月の状況にある重症心身障害児（者）など、障害の重い人たちのためのアセスメントです。運動・感覚分野（姿勢・移動・操作領域）とコミュニケー

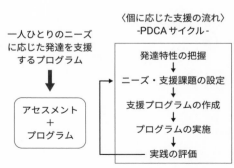

図 15-2　アセスメントを活用した支援（小林, 2020）

ション分野の発達をチェックすることができます。重度の障害がある対象児
（者）の発達をきめ細かく捉えるために、運動・感覚分野における姿勢・移
動・操作領域は、30のキー項目とそれを達成するための条件となる5つの下
位項目が各キー項目に配置され、総計150の下位項目で構成されています。一
方、コミュニケーション分野は、コミュニケーション発達を促す上で重要と考
えられる50項目で構成されています。本アセスメントは、支援プログラムを
作成するための障害の重い児（者）が求めるムーブメントプログラム（小林,
2014）と連携しており、重症心身障害児（者）の発達支援に活用できるプログ
ラムを紹介したムーブメントセラピー（仁志田, 2003）やムーブメント療育（小
林, 2020）の書籍も医療や療育現場で活用されています。

6　ムーブメント教育・療法の実際

　ムーブメント教育・療法は、楽しい遊びの要素をもった活動で、遊具や教
具、音楽などの環境を最大限に活用します。子どもは、喜びと成功感を味わう
中で、自信、意欲、自己肯定感が育ち、発達の良循環が生まれます。その活動
は、身体全体を使った粗大運動が中心なので、子どもは、すべての感覚に刺激
を受け、身体意識を高め、自己コントロール力を発揮できるようになります。
以下、ムーブメント教育・療法による発達支援の場面を示します。

楽しい揺れを中心とした感覚運動ムーブメント（左：ユランコ／右：トランポリン）

身体意識を高めるムーブメント（左：フープ／右：スクーターボードとパイプ）

身体意識を高めるムーブメント（左：ロープ／右：ビーンズバッグ）

連合能力を高める知覚運動ムーブメント
（左上：形板／右上：フープ／左下スペースマット）

社会性を高めるムーブメント（左：ムーブメントスカーフ／右：パラシュート）

■参考・引用文献

小林芳文 （2005） MEPA-R ムーブメント教育・療法プログラムアセスメント 日本文化科学社.

小林芳文編 （2006） ムーブメント教育・療法による発達支援ステップガイド——MEPA-R 実践プログラム 日本文化科学社.

小林芳文監修・著他 （2014） MEPA-ⅡR 重症児（者）・重度重複障がい児のムーブメント教育・療法プログラムアセスメント 文教資料協会.

小林芳文監修・著他 （2014） 障がいの重い児（者）が求めるムーブメントプログラム——MEPA-ⅡR の実施と活用の手引き 文教資料協会.

小林芳文監修，是枝喜代治・飯村敦子・阿部美穂子・安藤正紀編著 （2017） MEPA-R 活用事例集——保育・療育・特別支援教育に生かすムーブメント教育・療法 日本文化科学社.

小林芳文監修，小林保子・花岡純子編著 （2020） 子どもたちが笑顔で育つムーブメント療育 クリエイツかもがわ p.16.

小林芳文・是枝喜代治・飯村敦子・雨宮由紀枝編著 （2021） 運動・遊び・学びを育てるムーブメント教育プログラム 100——幼児教育・保育、小学校体育、特別支援教育に向けて 大修館書店.

中央教育審議会 （2005） 特別支援教育を推進するための制度の在り方について（答申） p.5.

マリアンヌ・フロスティッグ・小林芳文訳 （2007） フロスティッグのムーブメント教育・療法——理論と実際 日本文化科学社.

文部科学省 （2012） 共生社会の形成に向けたインクルーシブ教育システム構築のための特別支援教育の推進（報告） 参考資料 4.

文部科学省初等中等教育局特別支援教育課 （2022） 通常の学級に在籍する特別な教育的支援を必要とする児童生徒に関する調査結果について p.4.

文部科学省初等中等教育局特別支援教育課 （2023） 特別支援教育の現状 p.3.

仁志田博監修，小林芳文・藤村元邦編 （2003） 医療スタッフのためのムーブメントセラピー——発達障害・重症心身障害児（者）の医療・福祉・教育にいかすムーブメント法 メディカ出版.

全国保育協議会 （2021） 全国保育協議会会員の実態調査 2021 報告書 p.13.

吉村　拓馬（よしむら　たくま）　　　　　　　　　　　　　　　**第1章・11章2・3**
最終学歴：筑波大学大学院修士課程教育研究科修了（障害児教育専攻）
学　　位：修士（教育学）
現　　職：鎌倉女子大学児童学部子ども心理学科講師（同大学院児童学研究科講師兼任）
専　　門：臨床発達心理学
主　　著：「療育手帳判定における知能検査・発達検査に関する調査」（共著、LD 研究第 28 巻、
　　　　　2019 年）
　　　　　「発達障害のある子どもの田中ビネー知能検査Ⅴの知能指数の特徴と補正方法」（共著、
　　　　　LD 研究第 24 巻、2015 年）

初澤　宣子（はつざわ　のりこ）　　　　　　　　　　　　　　　　　　　　**第2章**
最終学歴：お茶の水女子大学大学院人間文化創成科学研究科博士後期課程修了
学　　位：博士（学術）
現　　職：鎌倉女子大学児童学部子ども心理学科講師（同大学院児童学研究科講師兼任）
専　　門：学校臨床心理学、教育心理学
主　　著：「スクールカウンセラー便りを活用した全校型支援の模索──小学校・中学校・高等学
　　　　　校における各掲載事項の分析から」（共著、学校教育相談研究第 31 巻、2021 年）
　　　　　「読書療法理論に基づく文学読書体験尺度作成の試み」（単著、読書科学第 60 巻第 2 号、
　　　　　2018 年）

石川満佐育（いしかわ　まさやす）　　　　　　　　　　　　　　　　　　　**第3章**
最終学歴：筑波大学人間総合科学研究科（一貫制博士課程）ヒューマン・ケア科学専攻発達臨床心
　　　　　理学分野博士課程単位取得満期退学
学　　位：博士（心理学）
現　　職：鎌倉女子大学児童学部子ども心理学科准教授（同大学院児童学研究科准教授兼任）
専　　門：学校心理学、発達臨床心理学
主　　著：『やさしくわかる生徒指導提要ガイドブック』（分担執筆、明治図書、2023 年）
　　　　　『新・教職課程演習　第 9 巻　教育相談』（分担執筆、協同出版、2021 年）

春日美奈子（かすが　みなこ）　　　　　　　　　　　　　　　　　　　　**第4章**
最終学歴：國學院大學大学院法学研究科修士課程修了
学　　位：修士（法学）
現　　職：鎌倉女子大学児童学部子ども心理学科教授（同大学院児童学研究科教授兼任）
専　　門：少年法、司法福祉、社会病理学
主　　著：『愛をください』（北星堂書店、2004）
　　　　　『新◆子ども家庭福祉──私たちは子どもに何ができるか』（共著、教育情報出版、
　　　　　2020）

佐藤　淑子（さとう　よしこ）　　　　　　　　　　　　　　　　　　　　**第5章**
最終学歴：ロンドン大学教育研究所（Institute of Education, University of London）博士課程修了
学　　位：Ph.D.（教育学博士）

現　　　職：鎌倉女子大学児童学部児童学科教授（同大学院児童学研究科教授兼任）
専　　　門：比較教育学、文化心理学
主　　　著：「ワーク・ライフ・バランスと乳幼児を持つ父母の育児行動と育児感情—日本とオラン
　　　　　　ダの比較」（単著、教育心理学研究第 63 巻第 4 号、2015 年）
　　　　　　『日本の子どもと自尊心』（中央公論新社、2009 年）
　　　　　　『イギリスのいい子　日本のいい子』（中央公論新社、2001 年）

廣田　昭久（ひろた　あきひさ）　　　　　　　　　　　　　　　　　第 6 章
最終学歴：上智大学大学院文学研究科教育学専攻博士後期課程単位取得満期退学
学　　　位：文学博士
現　　　職：鎌倉女子大学児童学部子ども心理学科教授（同大学院児童学研究科教授兼任）
専　　　門：心理生理学、生理心理学
主　　　著：『現代心理学辞典』（分担執筆、有斐閣、2021）
　　　　　　『基礎心理学実験法ハンドブック』（分担執筆、朝倉書店、2018）

梨本　加菜（なしもと　かな）　　　　　　　　　　　　　　　　　　第 7 章
最終学歴：東京大学大学院教育学研究科博士課程単位取得退学
学　　　位：修士（教育学）
現　　　職：鎌倉女子大学児童学部児童学科教授
専　　　門：教育学
主　　　著：『情報メディアと教育：新たな教育をデザインする』（共著、樹村房、2023 年）
　　　　　　『博物館情報・メディア論』（共著、ぎょうせい、2013 年）

伊藤嘉奈子（いとう　かなこ）　　　　　　　　　　　第 8 章・11 章 1・4・5
最終学歴：千葉大学大学院教育学研究科学校教育専攻修士課程修了
学　　　位：修士（教育学）
現　　　職：鎌倉女子大学児童学部子ども心理学科教授（同大学院児童学研究科教授兼任）
専　　　門：学校心理学、臨床心理学
主　　　著：『コラージュ療法のすすめ　実践に活かすための使い方のヒント』（分担執筆、金剛出版、
　　　　　　2023 年）
　　　　　　『新・心理学の基礎を学ぶ』（分担執筆、八千代出版、2013 年）

富田　庸子（とみた　ようこ）　　　　　　　　　　　　　　　　　　第 9 章
最終学歴：神戸大学大学院総合人間科学研究科博士課程後期単位取得退学
学　　　位：修士（教育学）
現　　　職：鎌倉女子大学児童学部児童学科教授
専　　　門：臨床発達心理学
主　　　著：『人口の心理学へ—少子高齢社会の命と心』（分担執筆、ちとせプレス、2016 年）
　　　　　　『シリーズ臨床発達心理学・理論と実践②　育児のなかでの臨床発達支援』（分担執筆、
　　　　　　ミネルヴァ書房、2011 年）

藤澤　文（ふじさわ　あや）　　　　　　　　　　　　　　　　　　　第 10 章
最終学歴：お茶の水女子大学大学院人間文化研究科博士後期課程修了
学　　　位：博士（人文科学）

現　　職：鎌倉女子大学児童学部子ども心理学科教授（同大学院児童学研究科教授兼任）
専　　門：教育心理学、道徳心理学、教育工学
主　　著：『道徳教育はこうすれば＜もっと＞おもしろい：未来を拓く教育学と心理学のコラボレーション』（共編著、北大路書房、2019 年）
　　　　　『青年の規範の理解における討議の役割』（ナカニシヤ出版、2013 年）

小国美也子（おぐに　みやこ）　12 章
最終学歴：東京女子医科大学大学院修了
学　　位：博士（医学）
現　　職：鎌倉女子大学児童学部子ども心理学科教授（同大学院児童学研究科教授兼任）
専　　門：小児科学、小児神経学
主　　著：『子どもの保健――健康と安全〔第 2 版補訂版〕』（共編著、へるす出版、2023 年）
　　　　　『ライフサイクルでみる女性の保健と健康』（共著、ミネルヴァ書房、2020 年）
　　　　　「難治性てんかんに対するケトン食事療の再検討」（脳と発達第 41 巻第 5 号、2009 年）

飯村　敦子（いいむら　あつこ）　13 章
最終学歴：東京学芸大学大学院連合学校教育学研究科修了
学　　位：博士（教育学）
現　　職：鎌倉女子大学児童学部児童学科教授（同大学院児童学研究科教授兼任）
専　　門：ムーブメント教育・療法学（音楽ムーブメント）、発達教育学、特別支援教育
主　　著：『発達障がい児の育成支援とムーブメント教育』（共著、大修館書店、2014 年）
　　　　　『Clumsiness を呈する就学前児童の発達評価と支援に関する実証的研究』（多賀出版、2003 年）

宮田　周平（みやた　しゅうへい）　14 章
最終学歴：青山学院大学大学院文学研究科心理学専攻博士前期課程修了
学　　位：修士（心理学）
現　　職：鎌倉女子大学児童学部子ども心理学科准教授（同大学院児童学研究科准教授兼任）
専　　門：臨床心理学、人間性心理学、フォーカシング
主　　著：「Clearing a space をうつ病のクライエントに適応するための工夫」（単著、心理臨床学研究 35 巻 1 号、2017 年）
　　　　　「心療内科における樹木画試験の画像解析」（共著、電気学会論文誌 C（電子・情報・システム部門誌）133 巻 7 号、2013 年）

小林　保子（こばやし　やすこ）　15 章
最終学歴：東京学芸大学大学院連合学校教育学研究科修了
学　　位：博士（教育）
現　　職：鎌倉女子大学児童学部児童学科教授（同大学院児童学研究科教授兼任）
専　　門：障害児療育、特別支援教育、ムーブメント教育・療法
主　　著：『子どもたちが笑顔で育つムーブメント療育』（編著、クリエイツかもがわ、2020 年）
　　　　　『子どもの育ち合いを支えるインクルーシブ保育　新しい時代の障がい児保育』（編著、大学図書出版、2017 年）

〔新版〕子ども心理学の現在

2024年4月25日　初版第1刷発行

編　者　　鎌倉女子大学
　　　　　児 童 学 部

発行者　　木 村 慎 也

・定価はカバーに表示　　印刷／製本　モリモト印刷

発行所　株式会社　北 樹 出 版
URL:http://www.hokuju.jp

〒153-0061　東京都目黒区中目黒1-2-6　電話(03)3715-1525(代表)